4 MARS 1861

9

V

DEUXIÈME VENTE

COLLECTION

DAIGREMONT

TABLEAUX ANCIENS

Mᵉ CHARLES PILLET
COMMISSAIRE-PRISEUR

M. FERDINAND LANEUVILLE
EXPERT

PARIS. IMPRIMERIE PILLET FILS AINÉ
RUE DES GRANDS-AUGUSTINS, 5.

DEUXIÈME VENTE

COLLECTION DAIGREMONT

TABLEAUX ANCIENS

CONDITIONS DE LA VENTE

La vente sera précédée d'une exposition publique, et les Tableaux seront vendus tels qu'ils sont décrits au Catalogue, sans qu'aucune réclamation soit admise pour quelque cause que ce soit.

Elle sera faite au comptant.

Les acquéreurs payeront en sus des adjudications *cinq pour cent* applicables aux frais.

N. B. Aucun tableau étranger à cette Collection ne figurera dans la vente.

CATALOGUE

DES

TABLEAUX ANCIENS

DES ÉCOLES ITALIENNES, ESPAGNOLES, FLAMANDE & HOLLANDAISE

QUI COMPOSENT LA RICHE ET PRÉCIEUSE COLLECTION

DE M. DAIGREMONT

ET DONT LA VENTE AUX ENCHÈRES PUBLIQUES AURA LIEU

A PARIS

HOTEL DES COMMISSAIRES-PRISEURS, RUE DROUOT, 5

GRANDE SALLE N° 5

LES LUNDI 4 et MARDI 5 MARS 1861

A DEUX HEURES

Par le ministère de Me **CHARLES PILLET**, Commissaire-Priseur,
rue de Choiseul, n° 11,
Assiste de M. FERDINAND LANEUVILLE, expert,
rue Neuve des Mathurins, 73,
Chez lesquels se distribue le présent Catalogue.

EXPOSITION PARTICULIÈRE
Le Samedi 2 Mars 1861.

EXPOSITION PUBLIQUE
Le Dimanche 3 Mars 1861.

PARIS, IMPRIMERIE A. PILLET FILS AINÉ
RUE DES GRANDS-AUGUSTINS,

1861

Ce Catalogue se distribue :

Chez MM.

A Paris,	Charles PILLET, commissaire-priseur, rue de Choiseul, 11.
»	Ferd. LANEUVILLE, expert, rue Neuve des Mathurins, 73.
»	TENCÉ, marchand de tableaux.
Montpellier,	BARON RAMADIÉ DOUBERNARD, commissionnaire en librairie.
Lyon,	HOETH, marchand d'estampes, r. Romarin, 9.
Marseille,	PRISTON, marchand d'estampes, place Nouvelle-Bourse, 2.
Rouen,	BILLARD, marchand de curiosités.
Bruxelles,	Étienne LE ROY, place du Grand Sablon, 12.
Anvers,	TESSARO, marchand d'estampes.
Liége,	VAN MARCKE, marchand d'estampes, rue de l'Université.
Bruges,	BOGAERTS, imprim.-libr., rue Philipstok.
Gand,	DUQUESNE, libraire, rue des Champs, 81.
Londres,	FARRER, New-Bond street, 106.
»	COLNAGHI, Md d'estampes, Pall-Mall-East, 14.
Amsterdam,	ROSS, in het Huis der Hoofden.
La Haye,	ENTHOVEN, marchand d'antiquités.
»	VAN GOGH, marchand d'estampes.
Rotterdam,	A. LAMME, artiste peintre, Hoogstraat.
Cologne,	HÉBERLÉ, marchand d'antiquités.
Bonn,	VAN DER KOK et WEBER, Mds d'estampes.

Munich,	BRULLIOT, conservateur du Musée.
Vienne,	ARTARIA et Cᵒ.
Dresde,	ARNOLD, marchand d'estampes.
Berlin,	REIMER, libraire.
Leipzig,	BROCKHAUS et Cᵉ.
Francfort,	INGELL, libraire.
Hambourg,	COMMETER, marchand d'estampes.
Manheim,	ARTARIA et FONTAINE.
Saint-Pétersbourg,	VON REGMORTER.
Rome,	DURANTINI, peintre.
Florence,	RICCIERI.
Gênes,	ISOLA, peintre.
Milan,	VALLARDI.
Turin,	BUCHERON, peintre.
Venise,	SANQUIRICO.
Genève,	MANAGA frères, marchands d'objets d'art.
Berne,	BURGDORFER, marchand d'estampes.
Bâle,	SCHRUBER et WALZ, Mds d'objets d'art.

AVANT-PROPOS

MM. les amateurs retrouveront dans cette seconde vente des noms qui leur sont familiers et qu'ils accueillent ordinairement avec plaisir. Nous osons espérer la continuation de cet accueil bienveillant. Nous leur demandons aussi la permission d'appeler leur attention sur quelques productions remarquables qui appartiennent à la pléiade des peintres flamands qui ont fait le voyage d'Italie, tels que : *Van Acken, Adrien Bloemaërt*, *Van Dych*, *Jean de Mabuse*, *Gérard Séghers,* dont l'étude des grands maîtres a contribué à perfectionner le talent, en élevant leur style.

ÉCOLES D'ITALIE

CARRACHE (Annibal Carracci)

(École bolonaise)

1. Les Pèlerins d'Emmaüs.

Dans un paysage pris à l'effet du soleil couchant, et remarquable par la belle ordonnance des lignes et la fuite des lointains, bornés par une chaîne de montagnes, le peintre a représenté sur le premier plan Jésus-Christ près d'entrer à Emmaüs, dont on voit sur la droite, au bas de la montagne, les maisons entourées de murs crénelés; il est accosté des deux pèlerins, entre lesquels il marche en parlant. Ces trois figures drapées à l'antique, admirablement posées et peintes, produisent un effet étonnant au milieu de ce paysage dont les devants sont déjà dans l'ombre, qui se projette fortement, tandis que les lointains sont éclairés par les accidents de la lumière, se reflétant dans les eaux d'une rivière qui serpente au milieu d'une vaste plaine où l'on voit çà et là quelques fabriques. Un pont jeté en face d'Emmaüs établit les communications d'une rive à l'autre, et sur la gauche un pâtre garde un troupeau de chèvres. L'effet de ce paysage, genre dans lequel A. Carrache a excellé, est grandiose et pittoresque. Il est gravé.

Toile. Haut. 47 cent. 1/2, larg. 64 cent.

CARRACHE (Augustin)

(École bolonaise)

2. La Surprise.

Dans un riant paysage et à l'ombre d'un épais taillis au pied duquel coule une rivière qui rafraîchit l'atmosphère, une nymphe charmée de la beauté et de la solitude du lieu, qui semble devoir la protéger contre les regards indiscrets, s'est dépouillée de tout vêtement et se repose mollement étendue sur un gazon émaillé de fleurs, laissant flotter en liberté sa belle chevelure. C'est dans cette position qu'elle est surprise par un satyre, qui après s'être glissé en rampant au travers du feuillage, l'enlace tout à coup de ses bras nerveux et se dispose à lui dérober ses faveurs; mais la nymphe effrayée s'en défend et s'efforce de le repousser en jetant les hauts cris. A ce signal de détresse, l'Amour, qui rôdait dans les environs, vole à son secours et, tirant vivement le satyre par la jambe, opère une heureuse diversion qui sauve la nymphe en danger de devenir la proie de ce malencontreux et laid visiteur.

Cette composition poétique est une tradition de la mythologie des anciens, dont les Carrache ont été les interprètes si habiles, et qui offre souvent le contraste de la beauté aux prises avec la laideur. Rien de plus charmant et de plus gracieux que la nymphe s'efforçant d'échapper à l'affreuse étreinte du satyre. Rien de plus animé et de plus spirituel que cette délicieuse figure de l'Amour éclairée d'une manière si piquante, et si finement peinte qu'on dirait une miniature. La vue de cette œuvre d'Augustin Carrache augmente les regrets qu'on éprouve que cet artiste ait quitté de si bonne heure la peinture pour la gravure.

Bois. Haut. 35 cent., larg. 47 cent.

CARRACHE (Louis)

(ÉCOLE BOLONAISE)

3. **Saint François aux stigmates.**

Le saint, dont tous les traits respirent la foi la plus sincère, s'est agenouillé et élève ses regards vers le ciel, qu'il prie avec ferveur. Cette nature simple mais énergique, rendue avec un grand talent par l'illustre fondateur de l'école des Carrache, produit un effet saisissant; les mains, dont le développement est complet, ont été traitées avec un soin particulier par l'artiste et sont fort belles.

Toile. Haut. 85 cent., larg. 66 cent. 1/2.

FRA BARTHOLOMEO (Della Porta)

4. **La Vierge et l'Enfant Jésus.**

Fra Bartholomeo a laissé un nom célèbre dans l'histoire de l'art. Ses relations avec Raphaël, dont il reçut d'utiles conseils qu'il sut mettre à profit, les ouvrages importants qu'il exécuta à Florence, l'ont élevé au rang des chefs de l'école florentine. Le tableau que nous allons décrire nous semble digne de la réputation de son auteur.

La Vierge, debout dans une pose pleine de noblesse et de grâce, soutient les premiers pas de l'Enfant Jésus, dont la figure pleine d'amabilité sourit gracieusement; celle de la Vierge est empreinte de douceur et d'une tendre sollicitude. Elle est vêtue d'une robe rouge dont les reflets se font sentir sur la carnation du petit Jésus. Il ne faut pas oublier qu'en général le coloris, d'ailleurs extrêmement remarquable de ce peintre, pousse un peu au rouge. Ce groupe se détache en vigueur et d'une manière éclatante sur un fond de draperie sombre; à droite on aperçoit un lointain de paysage. Les ouvrages de ce maître sont rares dans les collections particulières.

Toile. Haut. 85 cent., larg. 66 cent. 1/2.

FRANCIA (Francesco Raibolini)

(École bolonaise)

5. **La Vierge adorant l'Enfant Jésus.**

De tous les peintres qui ont vécu du temps de Raphaël, aucun n'a su comme Francia allier l'ingénuité à la grâce, la pureté des sentiments à l'expression franche et naïve de la pensée. Aussi ses ouvrages, fort rares, et qu'il ne faut pas confondre avec les imitations qu'on en a faites, sont-ils dans la plus haute estime parmi les connaisseurs d'un goût pur et délicat. Nous espérons que celui-ci obtiendra leur complet assentiment.

La Vierge, dont les cheveux tombent en longues boucles sur ses épaules, vêtue d'une simple robe bleue et les mains croisées sur sa poitrine, fléchit les genoux et adore son divin Fils, couché sur une draperie rouge qui fait ressortir la splendeur de son corps, d'un modelé parfait. Sa tête, autour de laquelle rayonne l'esprit divin, est un chef-d'œuvre de grâce enfantine, et il témoigne par un geste le plaisir qu'il éprouve à recevoir les soins de la tendresse de Marie, dont la figure exprime si bien la bonté et la candeur de la Vierge mère. La scène se passe au milieu d'un parterre émaillé de fleurs, bordé par une haie de rosiers; les lointains représentent une campagne plantée çà et là de bouquets d'arbres. Enfin on voit dans le fond diverses fabriques qui annoncent le voisinage d'une ville.

Les détails et l'exécution de ce précieux tableau, peint, on peut le dire, avec amour, sont des plus soignés. Les cheveux de la Vierge et de l'Enfant Jésus, ces deux types d'une si ravissante naïveté, sont parsemés d'or, ainsi que le bas de la robe de Marie et la draperie rouge sur laquelle est étendu le petit Jésus. Ce sujet, traité en grand par Francia, est maintenant dans la pinacothèque du roi de Bavière.

Bois. Haut. 37 cent., larg. 39 cent.

LE MÊME

6. La Sainte Famille.

La Vierge présente le sein à l'Enfant Jésus, qu'elle tient sur ses genoux. Derrière elle est saint Joseph, et du côté opposé un ange soutient la croix que le Rédempteur tient de ses deux mains. Le petit saint Jean appuyant ses bras sur les genoux de la Vierge, qu'il regarde, complète la réunion. Cette composition de cinq figures est surtout remarquable par la transition de la manière propre au Francia, qu'on retrouve dans les têtes de Marie et de saint Joseph, à la manière de Raphaël, qui s'annonce dans la figure de l'Enfant Jésus, et particulièrement dans celles de l'ange et de saint Jean. C'est un tableau rare et précieux.

Bois. Haut. 52 cent., larg. 41 cent.

GAROFALO (Benvenuto Tisio da)

(École ferraraise)

7. La Vierge et l'Enfant Jésus.

Dans un intérieur d'appartement, la Vierge est assise tenant sur ses genoux l'Enfant Jésus, dont la pose et le regard à la fois noble et gracieux semblent annoncer la mission divine. La figure de Marie, modeste sans affectation, exprime la joie pure de la Vierge mère, heureuse de soutenir les premiers mouvements d'un Fils qu'elle chérit et qu'elle adore. Elle est vêtue d'une robe rouge sur laquelle est jeté un manteau bleu retenu par une agrafe, et regarde en souriant le spectateur. Devant elle est une table sur laquelle sont posés un papillon, un couteau, un citron coupé par la moitié et un œillet (en italien *garofano*), signe représentatif, dont ce peintre se servait souvent pour indiquer le lieu de sa naissance. Dans le fond est un rideau vert qui ajoute encore au bel effet du coloris et des draperies. Il est hors de doute que le Garofalo avait étudié les ouvrages de Raphaël lorsqu'il peignit ce tableau, où l'on retrouve la perfection du dessin, la beauté et le calme des expressions qui caractérisent cette école.

Toile. Haut. 60 cent., larg. 47 cent 1/2.

GUIDE (Reni Guido, dit le)

(École bolonaise)

8. **Judith.**

D'une main Judith tient la tête d'Holopherne; de l'autre, elle presse sur sa poitrine et porte passé sous son bras le glaive qui lui a servi à sauver son honneur et à délivrer son pays. Son attitude calme et résignée et ses yeux tournés vers le ciel qui l'a inspirée, annoncent sa conviction d'avoir accompli un acte de patriotisme. Sa tête, ornée d'une parure en perles au-dessus de laquelle flotte un voile de couleur sombre, se détache en clair sur un fond brun et produit un effet surprenant.

Ce tableau mérite de fixer particulièrement l'attention des connaisseurs. La tête de Judith est d'un sentiment élevé, le coloris puissant, le pinceau caressant et plein de grâce, les mains ravissantes; en un mot, c'est un des ouvrages remarquables qui soient sortis des pinceaux du Guide.

Bois. Haut. 72 cent., larg. 59 cent.

LUINI (Bernardino)

(ÉCOLE MILANAISE)

9. **Saint Jean.**

Le petit saint Jean, dans une pose pleine de grâce et d'abandon, un genou en terre et les bras croisés sur sa poitrine, adore le signe de la Rédemption; à ses côtés est l'agneau sans tache. Sa figure participe à la fois de la naïveté, de la finesse et de la grâce, et nous ne pensons pas qu'il soit possible d'exprimer d'une manière plus charmante la joie enfantine à laquelle se mêle un rayon de l'esprit divin qui illumine le front du jeune Précurseur, orné d'une blonde chevelure; ses mains sont dessinées et peintes avec un rare talent, et le modelé du corps se détache avec suavité sur un fond de couleur sombre qui le fait ressortir. Une échappée de vue à droite laisse voir la campagne terminée par des montagnes bleuâtres.

Bois. Haut. 49 cent. 1/2, larg. 38 cent.

MANTEGNA (Andrea)

(ÉCOLE DE MANTOUE)

10. **L'Amour.**

L'Amour, dans une pose gracieuse, est debout sur son char traîné par deux colombes. Ce charmant sujet, d'une simplicité tout à fait antique, témoigne des études sérieuses et persévérantes faites par ce peintre dans le but d'élever son style et d'ouvrir une nouvelle voie à l'art. Ses aspirations vers l'antique, bien qu'un peu timides encore et embarrassées, sont ici cependant fort sensibles et rappellent celles de la *Danse des Muses*, du *Tableau du Parnasse*, qu'on voit au Musée du Louvre et qui est de la même époque; Mantegna a employé dans ces deux occasions un procédé identique, ayant pour but de mettre en relief et de faire ressortir, par un trait d'une accentuation plus ou moins forte, les contours des diverses parties du corps, selon que, dans ses compositions, les figures sont nues ou drapées, procédé dont on retrouve encore l'usage dans les cartons composés par Jules Romain, pour être exécutés en tapisseries. Les tableaux de Mantegna sont très-rares dans les collections particulières.

Bois. Haut. 35 cent., larg. 25 cent.

MORONE (Francesco)

(école vénitienne)

11. **Portrait de Machiavel.**

Cette figure est de celles dont les traits reflètent le caractère du personnage représenté. Ces traits fortement caractérisés et ces yeux injectés de sang ne dénotent que trop la cruauté des instincts et l'énergie d'une volonté indomptable. C'est bien là un de ces secrétaires d'office ou inquisiteurs d'Etat du conseil des Dix, si redoutables et si redoutés au temps des républiques de Florence et de Venise. Nous ne connaissons rien de plus saisissant que l'effet de cette tête, dont le coloris puissant a conservé toute sa force et toute sa vigueur primitives.

Toile. Haut. 47 cent., larg. 33 cent. 1/2.

PARMESAN (Francesco Mazzuoli, dit le)

(école de parme)

12. **La Vierge, l'Enfant Jésus et Saint Jean.**

La Vierge, assise et tenant sur ses genoux l'Enfant Jésus qu'elle vient de dégager de ses langes, lui donne le sein en présence du petit saint Jean qui, un genou en terre et la main sur son cœur, adore son divin Maître. Ce groupe, éclairé par une lumière chaude et dorée, est d'un effet ravissant ; la figure de la Vierge, dont la pose est noble et gracieuse, a une attraction irrésistible. Des anges, dont l'un tient une corbeille de fleurs, planent au-dessus de cette réunion pleine de charmes, qu'ils complètent et que le peintre s'est plu à relever encore par le prestige toujours si attrayant du coloris, en y prodiguant les plus belles couleurs de sa palette et particulièrement l'outremer.

Toile marouflée. Haut. 30 cent. 1/2, larg. 23 cent.

PALME L'ANCIEN (JACOPO PALMA)

(ÉCOLE VÉNITIENNE)

13. **Le Repos de la Sainte Famille.**

Au pied d'un arbre aux branches duquel est suspendue une tapisserie, et sur un gazon émaillé de fleurs, la Vierge, tenant un livre entr'ouvert, se repose des fatigues du voyage ; elle a sur ses genoux l'Enfant Jésus qui tend les bras à saint Joseph et au petit saint Jean jouant avec un mouton. Ce sujet, si simple en apparence, a été pour les peintres des différentes écoles un type inépuisable de beautés, parce qu'il porte en lui-même un charme irrésistible qui fait vibrer les cordes les plus sensibles du cœur de l'homme en le faisant assister et en l'associant aux joies de la famille. Palme le vieux, l'un des grands peintres de l'Ecole vénitienne, a relevé son sujet par la manière noble dont il l'a conçu et exécuté. En effet, les figures de la Vierge et de saint Joseph sont empreintes de cette dignité calme et imposante qui attire le respect, en même temps qu'elle contraste naturellement avec la vivacité des mouvements des deux enfants. Le paysage est fort recommandable par un effet tout à la fois grandiose et pittoresque, et le tout ensemble est mis en relief par cet admirable coloris qui semble être l'apanage des peintres vénitiens de la belle époque.

Toile. Haut. 80 cent., larg. 1 mètre 13 cent. 1/2.

PONTORMO (Jacopo Carrucci, dit le)

(ÉCOLE FLORENTINE)

14. Le Mariage de la Vierge.

En présence d'une nombreuse assistance, le grand prêtre célèbre le mariage de Marie avec saint Joseph. Le groupe principal présente un trio de figures étudiées avec soin et dont les expressions différentes, parfaitement caractérisées, sont rendues avec un art infini. C'est d'abord saint Joseph, dont la bonhomie, empreinte sur ses traits s'accorde si bien avec la candeur de Marie au doigt de laquelle il passe l'anneau nuptial. Mais le personnage du grand prêtre qui bénit leur union domine la scène, et rien ne saurait donner l'idée de la finesse du coup d'œil et de l'expression persuasive de sa figure douce et calme. Les personnes les plus rapprochées s'associent à la cérémonie, et leurs physionomies animées témoignent assez de l'intérêt qu'elles y prennent. Un système de plis large et bien entendu, qui rappelle celui d'André del Sarte, dont le Pontorme fut élève, et un beau coloris, contribuent encore à faire valoir ce tableau peint en maître.

Bois. Haut. 63 cent., larg. 54 cent.

SALVATOR ROSA

(ÉCOLE NAPOLITAINE)

15. Saint Bruno dans le désert.

Retiré dans le désert, au milieu d'une nature grandiose, mais inculte, et dont la beauté sauvage n'a pas encore été altérée par la main de l'homme, saint Bruno, après s'être livré à la prière, est tombé en extase devant la croix, qu'il contemple avec amour. Sa figure, inspirée, est rayonnante de la joie ineffable du bienheureux, et toutes ses idées sont évidemment au ciel, quoique son corps appartienne à la terre. La sévérité du costume de l'ordre de Saint-Benoist, l'aspect de cette solitude profonde qui contraste avec le contentement du saint religieux, frappent vivement le spectateur peu habitué aux mystères de la vie contemplative qui n'est plus dans nos mœurs. Ce tableau est de la plus belle et de la plus vigoureuse facture de ce maître à part.

Toile. Haut. 79 cent., larg. 98 cent. 1/2.

SCARCELLINO (Hippolyte)

(École ferraraise)

16. **Sainte Cécile.**

Sainte Cécile debout, tenant un livre à la main, chante les louanges du Seigneur; ses chants sont accompagnés par deux anges dont l'un joue du sistre et l'autre de la harpe; ce trio plein de grâce forme un concert dont les accords mélodieux doivent monter jusqu'au ciel, car les chants et les cœurs sont sincères. On voit sur une table plusieurs instruments et un livre de musique.

Scarcellino, dont les ouvrages se confondent parfois avec ceux du Parmesan, me paraît ici digne en tous points de soutenir la comparaison. Les figures se détachent sur un fond brun d'un coloris chaud et harmonieux qui en fait ressortir le charme et la douceur.

Bois. Haut. 37 cent., larg. 58 cent.

LE MÊME

17. Repos de la Sainte Famille.

Tandis que saint Joseph, le dos appuyé sur un arbre, est occupé d'une lecture, la Vierge, assise et tenant sur ses genoux l'Enfant Jésus, l'invite du regard et du geste à rendre au petit saint Jean, qui le réclame, le signe de la Rédemption dont il s'est saisi et qu'il paraît vouloir garder. L'expression douce et calme de la figure de la Vierge a quelque chose de pénétrant qui va à l'âme, et contraste avec le mouvement décidé du corps de son divin Fils, mouvement qui en fait ressortir les formes savamment accusées. La figure de saint Jean, à genoux tenant un mouton, offre un type animé et gracieux; celle de saint Joseph qui domine la scène, se détache en vigueur sur le ciel, et complète l'effet pittoresque de ce groupe de forme pyramidale. On trouve dans ce tableau, qui est de la belle manière du maître, la vigueur jointe à la grâce, une pureté de lignes et de contour et un modelé remarquables. L'agencement des draperies est aussi du meilleur effet. Il est gravé par Sadler.

Bois. Haut. 78 cent., larg. 58 cent.

SCHIAVONE (Andréa Médula, dit le)

(ÉCOLE VÉNITIENNE)

18. La Grossesse de Calysto.

La nymphe est traînée devant Diane par ses compagnes, qui dévoilent sa grossesse à la déesse. Cette esquisse, pleine de mouvement et de verve, est peinte avec une vigueur de pinceau et un entrain extraordinaires; on n'y compte pas moins de huit figures dont la pose et l'ajustement des plis accusent le sentiment prononcé de l'antique; enfin un coloris des plus puissants qu'on puisse rencontrer, même dans l'École vénitienne, relève encore ce rare et précieux échantillon que M. le baron Denon, ancien directeur général du Musée du Louvre, avait rapporté d'Italie, et dont il faisait avec raison un cas particulier.

Toile. Haut. 48 cent., larg. 17 cent.

SÉBASTIEN DEL PIOMBO

(ÉCOLE VÉNITIENNE)

19. **Le Christ couronné d'épines.**

Cette tête de Christ, d'un grand caractère et d'un sentiment profond, nous offre, quant au coloris, un de ces effets qui tiennent pour ainsi dire du prodige. On ne sait vraiment par quelle magie le peintre est parvenu à détacher, comme il l'a fait, cette figure du fond, en n'employant qu'une seule et même couleur pour le fond et la figure. C'est ici que se fait sentir complétement la puissance de l'habile dégradation de l'air et de la lumière. Tout, dans ce tableau, est dans la demi-teinte, et tout est transparent. Ce procédé imprime au sujet choisi un caractère mystérieux et mystique qui lui convient parfaitement. C'est un chef-d'œuvre de clair-obscur, mais c'est avant tout un chef-d'œuvre d'expression qui assure à ce peintre une des places les plus élevées dans l'art.

Bois. Haut. 48 cent., larg. 36 cent.

VERONÈSE (Paolo Caliari)

(ÉCOLE VÉNITIENNE)

20. **Cornélie.**

Cornélie, mère des Gracques, se dépouille de ses bijoux pour les déposer sur l'autel de la patrie. Son geste impérieux, les plis de son front contracté, ses traits d'un caractère prononcé, annoncent la détermination forte qui concourt à exécuter les grandes choses. La puissance du coloris et du modelé, la solidité du faire, sont les qualités distinctives de ce tableau, peint sur coutil vénitien. C'est un morceau de choix.

Toile. Haut. 75 cent., larg. 60 cent.

ÉCOLES ESPAGNOLES

CANO (Alonzo)

(École de Grenade)

21. **Un Religieux écrivant sous l'inspiration de l'Enfant Jésus.**

Alonzo Cano est un des peintres peu nombreux de l'École espagnole dont les compositions, d'une grande simplicité, sont empreintes de cette expression religieuse douce et suave qui sympathise avec les âmes tendres que l'aspect d'un ascétisme outré ou des supplices éloigne en les frappant de terreur. A la vue de ce saint religieux dont l'attitude est si respectueuse et la foi si vive et si sincère, et qui s'inspire de l'esprit divin, au contact du petit Jésus qui semble guider sa plume, en s'appuyant sur lui, on se sent profondément ému, et l'on reste en contemplation devant l'Enfant-Dieu, dont la pose abandonnée et surtout l'expression de bonté surhumaine, nous paraissent former le type le plus parfait qu'il ait été donné à l'art d'atteindre.

Haut. 1 mètre 29 cent., larg. 1 mètre.

CARBAJAL (Louis)

(École de Tolède)

22. **Madeleine.**

Encore en partie couverte de ses vêtements mondains, elle est assise devant une table en pierre, tenant dans ses mains une tête de mort posée sur un livre ouvert. On lit sur sa figure la trace récente des passions qui jusqu'alors ont agité sa vie et qu'elle s'efforce de vaincre.

Ce tableau est d'une très-belle facture, d'un pinceau à la fois solide et brillant dans les clairs, qui contrastent vivement avec les ombres fortement accentuées, comme dans la plupart des tableaux peints sous le ciel d'Espagne. Les mains sont remarquablement dessinées et peintes, le système des plis large et bien entendu.

Carbajal, nommé dès l'âge de vingt-deux ans peintre du roi Philipe II, a exécuté à l'Escurial de grands travaux qui lui ont mérité à juste titre un rang distingué parmi ceux de son école; ses ouvrages sont excessivement rares et à peine connus dans le reste de l'Europe. La collection du maréchal Soult, celle de M. de Las Marismas, n'en possédaient pas; le Musée du Louvre en est privé. Celui-ci faisait autrefois partie de la collection de M. Bourdois, médecin de l'empereur Napoléon Ier.

Haut. 96 cent., larg. 71 cent.

MURILLO (BARTOLOMÉ ESTEBAN)

(ÉCOLE DE SÉVILLE)

23. Saint Étienne.

Le trait le plus saillant peut être, et le plus caractéristique de l'École espagnole c'est que, pour la plupart, les peintres de cette école, privés de la vue des chefs-d'œuvre de l'antiquité dont l'étude a élevé le style et dirigé de bonne heure le goût des Italiens vers le beau idéal, ont puisé dans la force de leurs convictions religieuses, si profondément enracinées, cette exaltation de l'âme qui, avec des types pris dans la nature ordinaire, a souvent produit des chefs-d'œuvre. Murillo, le plus grand peintre des Espagnes et l'un des plus grands génies qui aient illustré l'art de la peinture, en offre l'exemple le plus frappant. Il ne sortit jamais de son pays, mais son esprit, nourri de bonne heure et grandi par l'étude et la méditation des idées religeuses, lui révéla bientôt les sublimes beautés de l'art qu'il a porté au dernier degré de la perfection.

Le saint Étienne que nous présentons à l'examen des connaisseurs résume en lui seul les qualités qui distinguent plus particulièrement l'École espagnole, l'énergie de la pensée, celle du pinceau et de la couleur. La figure du saint, dont les regards sont tournés vers le ciel, qui l'attend et auquel il fait hommage de ses souffrances, exprime admirablement l'ardent amour de Dieu, soutien des martyrs de la foi. Rien certainement ici ne rappelle le beau idéal, mais que d'expression, que d'âme, que de foi, d'espérance et d'amour divin dans cette tête que l'animation rend si belle et fait pour ainsi dire sortir de la toile !

Toile. Haut. 91 cent., larg. 76 cent.

LE MÊME

24. La Poule aux œufs d'or.

Voici encore un sujet qui tient au *genre* proprement dit, et qui est une nouvelle preuve de la variété et de la flexibilité du talent du plus grand peintre des Espagnes. Il représente l'*Avarice* sous les traits fortement caractérisés d'une vieille sibylle s'efforçant d'arracher du ventre de sa poule, qu'elle tient entre ses bras, une richesse imaginaire, et tarissant ainsi, dans sa cupidité, la source de sa richesse réelle. Il n'est personne qui n'ait pris grand plaisir à lire l'apologue du bon La Fontaine mis en action dans ce tableau, qui de même que celui de la *Servante de Murillo*, est peint avec une énergie de pinceau et de couleur qui rappelle les plus beaux ouvrages de Rembrandt.

Haut. 91 cent., larg. 69 cent.

LE MÊME

25. **Saint François en extase.**

Saint François, dont la figure expansive est inondée des torrents de la céleste lumière, qui a pénétré son âme, vient de tomber en extase. Deux anges le soutiennent, deux autres se jouent dans les nuages. Une lueur dorée s'étend sur toutes les parties de cette scène si simple et si touchante, dont elle contribue à faire ressortir le mérite éminent.

Toile. Haut. 46 cent., larg. 38 cent. 1/2.

LE MÊME

26. **L'Ascension de la Vierge.**

Marie, dont la beauté ineffable est rayonnante de la grâce divine, les yeux tournés vers le ciel et les bras croisés sur sa poitrine, s'élève au milieu d'une gloire resplendissante de lumière, pour prendre place à côté de son divin Fils. Elle est entourée et accompagnée d'un chœur d'anges qui chantent ses louanges. L'ascension de la Vierge fut le sujet de prédilection de Murillo. Jamais, en effet, sujet ne fut plus propre au déploiement de toutes les beautés que peut produire l'inspiration de l'âme; aussi le génie de ce grand peintre s'en est-il emparé pour créer un de ces types inimitables qui donnent l'immortalité.

Toile. Haut. 58 cent., larg. 67 cent. 1/2.

RIBEIRA (Juseppe, dito Espagnoletto)

(ÉCOLE DE VALENCE)

27. **Un Philosophe.**

Ce philosophe, qu'on croit être Archimède, et dont la tête, qui se détache sur un fond clair, est ornée d'une chevelure noire très-touffue, nous offre l'organisation de l'homme et du savant dans toute sa force et sa vigueur. Devant lui sont les manuscrits dépositaires de ses travaux. Ce tableau est de la belle qualité du maître. La tête d'Archimède est d'un relief étonnant.

Toile. Haut. 96 cent., larg. 79 cent.

LE MÊME

28. **La Sainte Famille.**

Ce sujet, que Ribeira affectionnait particulièrement, et qu'il a traité souvent, avec des différences plus ou moins considérables dans la dimension et dans le nombre des personnages, nous représente la Vierge offrant à l'adoration de saint Joseph l'enfant Jésus entièrement nu. Deux têtes d'anges bouffis bien coloriées et franchement peintes assistent à cette scène; la figure de la Vierge, dont les yeux sont en amande, est pleine de douceur, et la tête de saint Joseph, qui est d'un beau caractère, est peinte avec une fermeté très-remarquable. Ce tableau est exécuté dans la manière italienne.

Toile. Haut. 77 cent., larg. 64 cent.

VELASQUEZ DE SILVA (Don Diégo)

(ÉCOLE DE SÉVILLE)

29. **Portrait d'homme.**

Cette tête, dont certaines parties sont à peine terminées, présente des effets surprenants produits par la lumière qui se joue dans les cheveux, massés d'une manière sculpturale, et sur la partie droite de la figure, et par la vigueur de la touche et du coloris, qui ressort avec éclat.

Toile. Haut. 39 cent. 1/2, larg. 31 cent. 1/2.

LE MÊME

30. **L'Aveugle.**

Un aveugle en fureur, armé d'un bâton ferré, se bat contre des petits gueux ou mendiants, qui paraissent l'avoir provoqué. Il en a déjà renversé deux ; un troisième, venant au secours de ses compagnons, s'apprête à lui lancer une pierre. Une jeune femme, son Antigone, dont la charmante figure contraste avec la rudesse de celle de l'aveugle, s'efforce de le retenir et de le calmer, et de mettre un terme à une lutte qui menace de devenir dangereuse. Cette esquisse du meilleur temps du maître est peinte avec une vigueur de coloris, une fougue et un entrain des plus remarquables. C'est un morceau de choix.

Haut. 65 cent. 1/2, larg. 85 cent.

ÉCOLES FLAMANDE & HOLLANDAISE

ABSOVEN (C.)

31. **Intérieur d'un Estaminet.**

Dans une grande pièce divisée en deux par une cloison ouverte, deux joueurs, homme et femme, sont attablés et jouent aux cartes. La vieille, dont la figure originale donne envie de rire, et qui est la plus rusée, lance des regards perçants sur le jeu de son adversaire, qui n'a pas trop de ses deux mains pour tenir ses cartes en bon ordre. Un homme debout et un autre qui montre sa tête par une croisée sont les seuls témoins de la partie. Dans l'enfoncement, plusieurs villageois boivent et fument, les uns debout, les autres assis, et entourent une cheminée dans laquelle brille un bon feu. Divers ustensiles de ménage meublent cet intérieur.

Ce tableau est d'un coloris chaud et vigoureux. La touche est décidée, et la dégradation de la lumière parfaitement observée.

Bois. Haut. 39 cent. 1/2, larg. 47 cent. 1/2,

ACHEN (JEAN VAN)

32. **Le Repos de la Sainte Famille.**

La Vierge, assise près d'une table sur laquelle est posé un plateau chargé de fruits, tient sur ses genoux l'enfant Jésus, dont la tête est entourée d'une auréole resplendissante, et dont les regards se portent avec tendresse sur la figure vénérable de sainte Anne, qui s'est approchée de lui et dont le profil, par l'effet de la splendeur émanant de l'Enfant-Dieu, se détache en demi-teinte d'une manière véritablement surprenante. La Vierge, dont la figure est ravissante de grâce et de pudeur, est entourée de deux anges gracieux dont l'un tient une branche de lis; enfin, un peu en arrière, saint Joseph, dont la figure est majestueuse et calme, participe à cette scène si douce et si attachante.

Nous regardons ce tableau capital comme le spécimen le plus complet et le plus parfait de ce que l'art flamand a produit sous l'impression du beau ciel d'Italie. Van Achen, né, au dire des historiens, en 1556, passa en Italie, à l'âge de vingt ou vingt-deux ans. D'un autre côté, la gravure que Sadler a faite de ce tableau porte la date de 1580. Il aurait donc été peint dans les premiers temps du séjour de Van Achen en Italie et à l'époque où il était encore sous l'impression des ouvrages du Corrége, qu'on sait qu'il avait particulièrement étudié.

Haut. 66 cent., larg. 50 cent.

ASSELIN (Jean)

33. **Le Passage du gué.**

Au pied d'un rocher élevé, sur les flancs duquel se voit un monument, des pâtres et villageois dirigent un troupeau de vaches et de moutons qui passent un gué. On remarque sur le premier plan un groupe de trois figures, homme, femme et enfant, de l'effet le plus pittoresque, et un bœuf noir et blanc d'une grande beauté, qui se détache sur le fond. Dans ce tableau capital, d'un effet grandiose et imposant, Asselyn s'est montré le digne émule de C. Dujardin.

Haut. 83 cent., larg, 77 cent.

BACKUYSEN (Ludolph)

34. La Famille du pêcheur.

Tableau de petite dimension, des plus fins et des plus soignés de ce maître, et dans lequel il nous a associés à la vie patriarcale de ces bons et simples habitants des côtes de la Hollande, dont la seule occupation est celle de la pêche, et les seuls plaisirs ceux de la famille.

Sur les bords d'une plage que viennent baigner les eaux de la mer, un pêcheur est debout, coiffé d'une calotte de laine; son filet est jeté sur sa capote, et il tient sous son bras gauche de grosses bottes dont il se sert pour entrer dans l'eau; enfin il est complétement équipé pour le départ. Cependant un soin plus doux, ou plutôt l'amour paternel, le retient au rivage, et ses regards ne peuvent se détacher du spectacle qu'il a devant les yeux : c'est celui de son marmot qui se tient debout, roide comme un piquet, et auquel la mère, assise sur un tertre de gazon, donne la bouillie qu'elle lui insère au moyen d'une cuillère à bouche. Un peu en arrière, un autre homme tranquillement couché et dont les cheveux et la barbe sont blanchis par l'âge, contemple aussi cette scène en fumant sa pipe : c'est le grand-père de l'enfant. Enfin on voit un peu plus sur la gauche deux autres pêcheurs qui attendent près de la cabane et de la barque qui est amarrée au rivage. Il est impossible de n'être pas frappé de la vérité avec laquelle le peintre a su rendre cette scène de famille, intéressante parce qu'elle est vraie. Si nous portons nos regards sur une autre partie du tableau, nous y découvrons la pleine mer et deux vaisseaux à différentes distances, ainsi que plusieurs voiles blanches qui marquent, à droite, le point extrême de l'horizon; à gauche, la vue est bornée par des dunes qu'on aperçoit au loin. Le ciel, accidenté de nuages, est, comme tout le tableau, traité avec une exquise délicatesse de pinceau.

Haut. 32 cent., larg. 38 cent.

BALEN (Thierry Van)

35. **La Sainte Famille.**

La Vierge, assise dans un fond de paysage, tient sur ses genoux l'Enfant Jésus, auquel le petit saint Jean présente le signe de la Rédemption. A sa gauche est saint Joseph en prière, et autour d'elle des anges s'empressent de lui présenter des fleurs et des fruits, tandis que du haut du ciel le Saint-Esprit, au milieu d'une gloire d'anges, contemple cette scène touchante sur laquelle il verse les rayons de la lumière céleste. Les figures de la Vierge, de l'Enfant Jésus et de saint Joseph ont une élévation qui fait le plus grand honneur au talent de Van Balen, dont on rencontre rarement un tableau aussi soigné. Quelques-unes des petites figures d'anges de la gloire sont dignes du Corrége, qui paraît les avoir inspirées.

Cuivre. Haut. 34 cent. 1/2, larg. 26 cent.

LE MÊME

36. **Les Amours en vacances.**

Au fond d'un frais vallon ombragé d'arbres et borné par une suite de collines, des Amours, dont l'un est armé d'une hallebarde, jouent entre eux et caressent deux beaux levriers de race, que l'un d'eux tient en laisse. En voyant jouer ainsi et sans penser à mal ces gracieux enfants, qui pourrait se défier de leurs atteintes perfides? Charmant échantillon du maître, peint avec le plus grand soin, et d'un beau coloris.

Bois. Haut. 24 cent., larg. 33 cent. 1/2.

BEGA (Corneille)

37. Le Cabaret.

Sur le devant du tableau et près d'une ancienne cheminée à manteau, à laquelle est accrochée une lanterne, un buveur assis sur un banc et le coude appuyé sur une table, s'est endormi. Sa figure enluminée et son ventre arrondi, annoncent assez qu'il a besoin de cuver son vin. A ses côtés on voit une aiguière, un verre et une mèche dont le bout brûle encore; un peu plus loin, un fumeur, la pipe en main, paraît se réjouir de la scène qui se passe au bout de la table, où un rustre courtise et serre de près une grosse paysanne. Tableau fin et harmonieux.

Bois. Haut. 32 cent. 1/2, larg. 26 cent. 1/2.

BERGHEM (Nicolas)

38. Le Passage du gué.

A la lisière d'un bois dont les arbres élevés portent ombre sur le premier plan, un groupe de villageois, au nombre de cinq, se disposent à passer un gué dans lequel se reflètent les rayons du soleil couchant à travers les derniers arbres du bois, qui en reçoivent une teinte dorée. C'est par ces reflets de lumière habilement ménagés que le peintre a éclairé d'une manière à la fois douce et piquante cette scène si simple. Au centre du groupe, le principal personnage, monté sur un cheval et vêtu d'une peau de mouton, est le type caractéristique des conducteurs de troupeaux que Berghem a si souvent placés dans ses paysages. Celui-ci, qui a le dos tourné, ainsi qu'un de ses compagnons, semble guider et disposer l'ordre du convoi. A droite, trois bœufs ont commencé à entrer dans l'eau et sont suivis de deux villageois, homme et femme ; à gauche, on voit un autre villageois près de deux bœufs, dont l'un est de couleur rougeâtre et l'autre blanc ; ce dernier est agacé par un chien qui aboie après, et qu'il menace de ses cornes. Les belles choses se faisant assez valoir par elles-mêmes, nous n'en dirons pas davantage sur ce qu'il y a de goût et d'art dans toutes les parties de ce délicieux tableau, où l'on ne compte pas moins de douze figures d'hommes et d'animaux. Il provient du cabinet Pellion, connu dans l'ancienne curiosité.

Bois. Haut. 39 cent. 1/2, larg. 52 cent. 1/2.

LE MÊME

39. **L'Abreuvoir.**

Dans un paysage boisé dominant sur un ciel accidentellement clair ou nuageux, coule une eau où viennent s'abreuver quatre vaches et un cheval blanc monté par un paysan ; un vacher dirige le troupeau vers l'autre bord, qu'un chien qui le précède est près d'atteindre. Un pont fragile est jeté sur cet abreuvoir, et un homme qui passe dessus se cramponne fortement à la rampe.

Ce tableau se distingue par une touche large et fière, et l'effet en est très-piquant. Les animaux sont dessinés et peints avec une rare perfection ; les arbres sont d'un faire à la fois savant et gracieux, et l'eau d'une transparence parfaite. Il provient de la collection de feu M. Burets de Courtray (Flandre occidentale), et a été gravé à l'eau-forte par N. Wisscher, dans l'estampe duquel on retrouve la vigueur et l'énergie de l'original.

Toile marouflée. Haut. 41 cent., larg. 31 cent. 1/2.

LE MÊME

40. **Le Muletier.**

Un jeune muletier, après avoir mis pied à terre pour traverser une grotte obscure, guide sa monture vers l'extrémité opposée, où apparaissent le ciel et la campagne. Berghem a mis dans cette étude terminée, peinte librement, mais avec soin, un naturel et une vérité qui rappellent ses meilleurs ouvrages. Nous croyons ce tableau gravé par Wischer.

Toile. Haut. 88 cent., larg. 63 cent. 1/2.

BLOEMAERT (Adrien)

41. **Saint Sébastien, sainte Catherine et saint Ambroise, pèlerins visités par un ange.**

Ce tableau d'un maître dont les ouvrages sont rares, est parfaitement conservé et présente des beautés qui témoignent combien ce peintre avait élevé son style par l'étude des Écoles d'Italie. Le saint Sébastien, que frappe particulièrement la lumière, est une très-belle académie qui ne laisse rien à désirer sous le rapport du dessin, du modelé et de l'exécution. La tête de sainte Catherine est pleine d'inspiration religieuse, et celle de saint Ambroise dénote cette foi robuste que rien ne peut ébranler. C'est une trilogie d'expressions différentes, la beauté corporelle, la beauté spirituelle et la force matérielle. Le coloris de ce tableau remarquable est d'une grande vigueur, et le pinceau d'un précieux fini.

Bois. Haut. 46 cent., larg. 35 cent.

BLOEMEN (Pierre)

42. **Intérieur d'un camp.**

Ce tableau nous représente les détails d'un campement militaire. A droite sur le premier plan, et devant deux tentes gardées par un soldat, un cavalier et une dame, montés sur leurs chevaux, se disposent à partir pour la chasse, comme l'indique un oiseau de leurre que la dame porte sur son poing. A quelques pas de là une vivandière, aidée de son mari, fait sa cuisine en plein air. On remarque dans le fond, occupé par des tentes et fourgons, des groupes de soldats jouant et causant. Tableau finement peint et d'une couleur blonde et harmonieuse.

Bois. Haut. 43 cent., larg. 60 cent.

BOUT et BOUDWINS

43. **Paysage et Figures.**

Charmant tableau représentant un paysage composé qui s'élève en amphithéâtre et qui est terminé par de hautes montagnes. Les différents plans sont indiqués par des figures diverses, touchées avec un esprit infini, et on y remarque des eaux et des fabriques du meilleur effet. Il est aussi fin et plus harmonieux qu'un paysage de Vanhuysum.

Bois. Haut. 20 cent. 1/2, larg. 17 cent.

BRACKEMBURG

44. **La Rixe.**

Au milieu d'un village deux paysans se sont pris de querelle et se disposent à jouer des couteaux. C'est à grand' peine si de chaque côté les commères peuvent les retenir. Sur la gauche s'élève une hôtellerie devant laquelle sont assis un homme, une femme et un enfant. Ces deux derniers sont effrayés de cette dispute, et l'homme, qui paraît un des gros bonnets de l'endroit, cherche à calmer leur effroi: Ce tableau, richement meublé, est d'un bon coloris.

Bois. Haut. 37 cent., larg. 28 cent. 1/2.

BRAUWER ou BROUWER (Adrien)

45. **La Ferme.**

Ce tableau nous offre la vue intérieure d'une cour de ferme dont les bâtiments sont adossés à une ancienne tour qui les domine. Au milieu de la cour on voit, près d'une auge, un cheval attendant son avoine, qu'un garçon de ferme portant un panier vient sans doute lui donner. Sur le premier plan un autre garçon, étendu tout de son long sur le ventre, se livre aux douceurs du sommeil en plein air. Une pompe, un tronc d'abre mort, presque entièrement dépouillé de son écorce, un baril et divers ustensiles de cuisine, sont les accessoires de cette composition. Ils sont traités avec un tel soin et un fini si précieux, qu'on les croirait peints par G. Dow. La couleur est généralement chaude et dorée, et d'une transparence qui laisse voir l'impression.

Bois. Haut. 51 cent., larg. 38 cent. 1/2.

LE MÊME

46. **Le Jeu de boule.**

Des villageois rassemblés à la porte de leurs habitations jouent à la boule. Près d'un puits d'où une femme tire de l'eau, on voit quatre joueurs, dont l'un, la boule en main, vise le but. Un peu plus loin, à droite, deux paysans rabougris, vus de face, deux autres le dos tourné, et une vieille femme debout, le teint cuivré et coiffée d'un chapeau pointu, s'apprêtent à juger du coup; les figures sont spirituellement touchées et les fabriques fort bien peintes. Il porte le monograme A. B.

Bois. Haut. 39 cent. 1/2, larg. 68 cent.

LE MÊME

47. **Le Joyeux compère.**

On ne saurait trop faire remarquer la variété que le peintre a su jeter dans la représentation des scènes de cabaret, dont le genre est nécessairement borné. Ici, c'est un couple amoureux ou plutôt un marché d'amour passé entre un grivois personnage coiffé d'un énorme bonnet fourré qui contribue encore à le rendre plus laid, s'il est possible, et une jeune et accorte paysanne que le quidam cherche à séduire par l'appât du liquide; mais la rusée commère lui donne clairement à entendre qu'elle ne cédera qu'à des arguments plus solides. Deux ou trois autres personnages accessoires complètent ce tableau piquant, d'une touche spirituelle et d'un très-beau coloris.

Bois. Haut. 21 cent., larg. 18 cent.

BRÉENBERG (Bartholomé)

48. **Paysage.**

Vue prise dans la campagne de Rome. Au milieu d'une vallée bornée par des collines au sommet desquelles on voit des ruines antiques restées debout, des jeunes filles se livrent en folâtrant aux plaisirs de leur âge; sur le premier plan, deux femmes assises sur des débris de monuments semblent s'intéresser à leurs jeux animés. Une couleur blonde et dorée répand ses teintes harmonieuses sur toutes les parties de ce tableau, qui porte la signature du maître, et la date de 1639.

Bois. Haut. 49 cent., larg. 67 cent.

LE MÊME

49. **Une Bataille.**

Le sujet de ce tableau est plus sérieux que ceux traités ordinairement par ce peintre. Il représente une de ces batailles qui décident quelquefois du sort des empires. Les assaillants, qui débarquent après avoir traversé un bras de mer ou un fleuve, ayant leur chef à leur tête, sont aussitôt entourés par une multitude de cavaliers de l'armée opposante. La mêlée devient furieuse et présente l'aspect d'une lutte acharnée qui ne peut finir que par la défaite d'une de armées. Ce tableau, d'une belle couleur et finement exécuté, rappelle en petit, mais toutefois avec moins de sécheresse, le tableau de la bataille d'Arbelles par Breughels.

Bois. Haut. 19 cent., larg. 25 cent.

BREKELENCAMP (Quirin Van)

50. **Marché au poisson.**

Une jeune ménagère ayant son panier sous le bras et près d'elle un chien, marchande du poisson à une femme dont l'étal est abrité par un auvent recouvert en toile. Divers personnages circulent et animent cette composition de sept figures, qui se fait remarquer par le naturel des poses et un beau coloris.

Bois. Haut. 45 cent., larg. 35 cent. 1/2.

BREUGHEL (Pierre)

51. **Les Aveugles.**

Breughel a préféré le côté grotesque de ce sujet, qui aurait pu être grave et sérieux, mais triste, et il s'est plu à représenter une procession d'aveugles se tenant les uns les autres, et dont le malheureux conducteur s'est laissé choir dans un ruisseau qui s'est trouvé sur son chemin ; son suivant, qui sent le sol se dérober sous ses pieds, poussé un hurlement épouvantable, qui met toute la bande en émoi, croyant être attaquée. De là des poses et des grimaces plus comiques les unes que les autres, et qui forment les contrastes les plus divertissants. Cet ouvrage se recommande par une touche fine et spirituelle jointe à une grande solidité de faire.

Bois. Haut. 47 cent., larg. 63 cent.

CHAMPAIGNE (Philippe de)

52. **Saint Bruno en prière.**

Vu à mi-corps et à genoux devant un livre de prières appuyé sur une tête mort, le saint solitaire, revêtu de l'habit de son ordre et les mains croisées sur sa poitrine, est profondément absorbé par les réflexions que lui suggère sa pieuse lecture.

On ne peut voir ce tableau sans être vivement impressionné par les sentiments de piété profonde qui sont si bien peints sur cette figure dont tous les traits respirent encore la fraîcheur de la jeunesse, et dont toutes les facultés sont désormais consacrées à louer et à honorer le Seigneur. Ce sujet convenait particulièrement au génie de Philippe de Champaigne, qui a excellé dans l'expression du sentiment religieux; il n'a pas été moins heureux dans la partie artistique de son œuvre, et soit qu'on porte ses observations sur le relief de la tête, la fermeté de la touche, et la vigueur de la pâte et du coloris, ou sur la beauté si remarquable des mains, on est obligé de reconnaître que toutes ces parties sont traitées en maître.

Toile. Haut. 90 cent., larg. 74 cent.

CRAESBECK (Joseph Van)

53. **L'Écrivain.**

Il est représenté taillant sa plume, le coude appuyé sur une table sur laquelle est son pupitre. Pochade pleine de verve et d'originalité, dans laquelle on se rend compte de la pratique suivie par la plupart des peintres flamands, d'après les maîtres de cette école, de fouiller légèrement les fonds, de manière à leur donner une grande transparence et à faire valoir le sujet principal du tableau.

Bois. Haut. 35 cent., larg. 27 cent. 1/2.

CUYP (Albert)

54. **Le Départ.**

Près d'une maison entourée d'arbres, deux cavaliers se disposent au départ; l'un d'eux est déjà en selle et semble vouloir administrer une correction à son cheval bai. On aperçoit à une certaine distance son compagnon de voyage qui se dirige vers le lieu du rendez-vous, suivi d'un valet portant sa valise. Le cheval que doit monter ce cavalier est blanc, d'une belle taille et d'une superbe encolure; un manteau rouge est jeté négligemment sur sa selle; dans son impatience, il frappe du pied et donne de l'occupation à un jeune palefrenier qui lui serre le mors.

Un petit mendiant, et un chien qui aboie après, sont les accessoires de ce délicieux tableau, dont la touche, par le fini et le moelleux, rappelle celle de Ph. Wouvermans. La couleur en est chaude et dorée, et il règne dans toutes ses parties une harmonie parfaite.

Cuivre. Haut. 20 cent. 1/2, larg. 29 cent.

LE MÊME

55. **Portrait d'homme.**

Ce portrait, par son étonnant modelé, son naturel parfait et la beauté des carnations, rappelle celui du *chasseur tenant une perdrix*, qu'on admire dans la galerie du Louvre. C'est en faire un assez bel éloge, qui, nous le croyons, sera confirmé par tous les amateurs du beau talent de Cuyp.

Bois. Haut. 56 cent., larg. 43 cent.

LE MÊME

56. **Portrait en pied d'une jeune fille.**

La figure est vue de trois quarts. C'est un de ces portraits hollandais qui s'éloignent beaucoup de ce qu'on appelle le beau idéal. Toutefois les yeux ont de l'intelligence, et tout dans la personne de cette jeune fille et dans son ajustement indique le soin et l'idée de ménage qui est dominante chez les Hollandaises; ainsi, elle tient d'une main son éventail, de l'autre ses gants qui ne sont pas déployés; sa robe est relevée pour éviter qu'elle ne soit gâtée. Enfin, il règne dans la pose et la figure de cette petite personne une sorte de gravité qui a son côté comique, et qui donne à tout l'ensemble un effet piquant et pittoresque. Le coloris est celui de Cuyp, c'est tout dire. Ce portrait peut faire pendant à celui d'Albert Cuyp, par Guérits Cuyp.

Bois. Haut. 48 cent., larg. 31 cent.

CUYP (Guérits)

57. **Portrait d'Albert Cuyp enfant.**

Il se promène au milieu de la campagne, et puise dans l'observation de la nature éclairée par une lumière chaude et dorée les tons qu'il a si heureusement employés depuis dans ses tableaux. Dans celui-ci, G. Cuyp, par l'harmonie de son coloris, s'est montré le digne maître d'Albert, son fils et son élève.

Bois. Haut. 53 cent., larg. 36 cent.

DROOGLOST

58. **Les Aumônes.**

Des gueux ou mendiants, réunis en grand nombre aux portes d'une maison religieuse, y reçoivent des aumônes.

Les attitudes singulières de ces différents personnages plus ou moins rapiécés ou déchirés, leurs mœurs et leurs habitudes dont nous n'avons plus guère d'idée que par les spirituels croquis de Callot, tout concourt à donner du mouvement à cette scène. Tableau bien peint, et dont l'effet est parfaitement entendu.

Toile. Haut. 60 cent. 1/2, larg. 1 mètre 3 cent.

DUSART (Corneille)

59. **Kermesse.**

Un joueur de violon, à la porte d'un cabaret, divertit plusieurs villageois, qui s'y sont réunis pour boire et pour fumer. L'un d'eux, que la musique transporte de joie, s'amuse à gambader, tandis qu'un de ses camarades courtise une grosse femme assise à côté de lui. Sur le devant, un rustre assis sur un tronc d'arbre et la pipe à la main, est spectateur de cette scène ; à gauche sont deux enfants rabougris. Dans le fond on aperçoit un verger entouré d'une clôture en planches. Ce tableau est du bon temps du peintre.

Toile marouflée. Haut. 26 cent. 1/2, larg. 34 cent.

DYCK (Antoine van)

60. **Saint Sébastien.**

Au milieu d'une campagne dont les horizons fuient au loin, on voit saint Sébastien attaché à un arbre et percé de flèches. La figure du saint est restée calme, et dans sa foi vive et sincère, tournant les yeux vers le ciel, il fait hommage au Tout-Puissant de son martyre. Un rayon de la grâce céleste vient éclairer sa tête pleine de noblesse et se répand sur son corps presque entièrement nu et dont toutes les parties sont traitées avec un grand talent. Ce tableau paraît avoir été peint au retour du voyage que fit Van-Dyck en Italie.

Bois. Haut. 59 cent., larg. 40 cent.

FLINCK (Govaert)

61. **Portrait d'un jeune homme.**

Ses traits, d'une grande douceur, ont quelque chose d'un peu efféminé; il porte comme pendants d'oreilles des perles suspendues à un anneau d'or, une cravate de soie est enroulée autour de son cou, et le seul ornement de son vêtement brun est un collier auquel est suspendu un médaillon. Govaërt Flinck, par la suavité du pinceau, s'est mis en parfaite harmonie avec la figure qu'il avait à peindre, et par le modelé de cette tête qui ressort admirablement, a augmenté, s'il est possible, sa réputation comme portraitiste.

Toile. Haut. 54 cent., larg. 41 cent.

GOYEN (Jean van)

62. **Marine.**

Une barque montée par des pêcheurs s'apprête à quitter le rivage; on aperçoit au large diverses embarcations. La touche de ce joli tableau est vive et légère. Les figures se détachent en silhouette de la manière la plus piquante.

Bois. Haut. 30 cent., larg. 35 cent.

GRIFF

63. **Gibier mort.**

Deux tableaux faisant pendants. Ils représentent l'un et l'autre différentes pièces de gibier mort, oiseaux, lièvre, etc., déposées au pied d'un arbre dans un fond de paysage, et gardées par un chasseur assisté de son chien. Il serait difficile de trouver de ce peintre des tableaux d'une touche plus ferme et d'un coloris plus vigoureux.

Bois. Haut. 33 cent. 1/2, larg. 43 cent.

HALS (Henry)

64. Conversation hollandaise.

Ce tableau nous représente François Hals, célèbre peintre de portraits, se livrant au plaisir de la promenade et d'une conversation enjouée en la compagnie des autres membres de sa famille. Ces divers personnages sont représentés dans le costume pittoresque de l'époque. Descamps fait un éloge qui nous semble mérité du talent de Henry Hals, frère du précédent, dans le genre de conversation hollandaise qu'il a traité facilement et avec une franche gaieté. Il nous semble que Watteau a étudié ce maître avec fruit, et qu'on retrouve dans ses ouvrages plusieurs analogies dans les airs de tête, et jusque dans sa touche spirituelle et légère.

Bois. Haut. 28 cent. 1/2, larg. 50 cent. 1/2.

HELST (Vander)

65. Portrait d'homme.

Portrait d'un jeune homme d'une figure ouverte, qui annonce la franchise. Il est vêtu de noir et porte un col rabattu. La tête est très-finement peinte et d'un très-beau coloris.

Bois. Haut. 71 cent. 1/2, larg. 59 cent.

HEMSKERCK

66. Intérieur rustique; le Déjeuner de jambon.

Dans une chambre assez resserrée, trois rustres de bonne humeur sont assis à une table sur laquelle est placé un jambon qu'ils attaquent vigoureusement. L'un d'eux élève son verre et boit rasade, ce qui paraît redoubler leur gaieté.Tout près un compagnon rit à gorge déployée, tandis qu'un autre, le dos tourné, se chauffe au foyer d'une cheminée qui occupe le fond de la salle. Tableau vigoureusement peint.

Bois. Haut. 38 cent., larg. 37 cent. 1/2.

HERP (VAN)

67. **Intérieur d'étable.**

Une étable divisée en deux compartiments, l'un pour les animaux, et l'autre pour l'habitation. A droite, près d'un puits ou citerne, une jeune fille debout vient de remplir son seau; devant le puits on voit un groupe de chèvres et chevreaux de couleurs diverses, des ustensiles de ménage, des légumes parfaitement imités. Ce groupe est vivement éclairé par la lumière venant directement de la porte restée ouverte, et qui pénètre jusque dans les profondeurs de l'étable, où l'on aperçoit d'un côté un cheval, et de l'autre deux villageois, dont l'un est debout et l'autre assis près d'une cheminée. Ce tableau est d'une couleur blonde et harmonieuse, et les fonds sont légèrement fouillés à la manière d'Ostade. Il faisait partie de la collection de M. Delahante.

Bois. Haut. 50 cent. 1/2, larg. 40 cent.

HEUSCH (GUILLAUME DE)

68. **Paysage.**

Au milieu d'un chemin et sur les bords d'une rivière qui coule en serpentant au pied des hautes montagnes qu'elle baigne de ses eaux, on remarque une jeune fille et un enfant parlant à un pâtre qui garde des moutons et des chèvres. Tout près, un âne sellé et bridé attend le signal pour se remettre en route. Sur la gauche, au tournant d'un rocher, sur lequel frappent par accident les rayons brûlants du soleil, s'élèvent des arbres de formes élégantes, qui ombragent agréablement ce site pittoresque. Ce tableau d'un effet piquant nous charme encore par la coquetterie du pinceau et la couleur chaude et harmonieuse qui règne dans toutes ses parties.

Bois. Haut. 38 cent., larg. 41 cent. 1/2.

HEYDEN (Jean-Vander)

69. **Vue d'une villa.**

On descend du palais, entouré de massifs d'arbres, dans les jardins, par un escalier monumental, au bas duquel on trouve une fontaine ornée de statues. Plusieurs personnages, hommes et femmes, se promènent dans ce beau lieu où tout respire l'opulence et la grandeur. L'exécution de ce charmant tableau est des plus fines et des plus soignées de ce maître, c'est tout dire. Les figures sont d'Églon Vander Neer.

Bois. Haut. 23 cent., larg. 28 cent. 1/2.

HOLBEIN

70. **Portrait d'homme.**

Ce portrait, un des plus fins et des plus parfaits de ce maître, comme exécution, représente un personnage arrivé à la fin de sa carrière, qu'il paraît avoir parcourue au milieu des affaires sérieuses de la vie; sa figure est calme et grave, mais de cette gravité tempérée par l'habitude du monde et la connaissance des hommes. Son vêtement noir, orné de fourrures, est simple, mais de bon goût, et on voit à ses mains des bagues qui peuvent être des marques de dignité et des souvenirs de famille; en un mot, tout en lui révèle un homme d'un rang distingué.

Bois. Haut. 36 cent., larg. 26 cent. 1/2.

HOOGHE (PIETRE DE)

71. **Scène d'intérieur.**

Au milieu d'une salle basse pavée en dalles, et dont toute la décoration consiste en un buffet surmonté de vases de porcelaines, et en une carte de la Frise en 1772 accrochée au mur, est assise une dame vêtue d'une camisole de velours nacarat garnie d'une fourrure blanche, et d'une robe d'un rouge pâle, laquelle est recouverte d'un tablier. Ses pieds, veufs de leurs pantoufles, sont posés sur une chauffrette, et elle tient sur ses genoux un vase en porcelaine, symétriquement percé de petits trous ronds. A ses côtés, on voit un panier contenant des racines et un seau. Un peu en avant est une table basse sur laquelle sont posés un baquet, une aiguière en porcelaine et un vidrecome renversé. Les accessoires dont elle est entourée et son air dénotent suffisamment une femme qui s'occupe activement des détails de son ménage; il est d'ailleurs impossible d'en douter, en voyant son air de contentement à la vue d'un morceau de saumon que lui présente une jeune servante dont la mine éveillée est du plus piquant effet, et contraste avec l'air piteux du chien du logis, auquel cette provision ne promet pas un repas de son goût, et qui s'en va l'oreille et la queue basses. Telle est la description exacte de ce tableau, qui nous offre une de ces scènes d'intérieur que les Flamands excellent à représenter et que P. de Hooge particulièrement a su rendre avec une vérité désespérante pour tous ceux qui seraient tentés de l'imiter. On trouve des tableaux de ce maître qui présentent des contrastes de clairs et d'ombres, souvent fort tranchés, mais il est difficile d'en trouver dans lesquels la lumière soit, comme dans celui-ci, aussi sagement ménagée qu'habilement dégradée, et dont, en un mot, l'harmonie soit aussi parfaite.

Toile. Haut. 61 cent. 1/2, larg. 54 cent.

KALF

72. **Intérieur de cuisine et cellier.**

Divers ustensiles de cuisine, parmi lesquels on remarque un chaudron, une écumoire et un pot, des légumes d'une vérité parfaite, oignons, poireaux, potirons, etc., tels sont les motifs ordinaires des compositions de ce peintre; mais ce qui distingue celle-ci, c'est une couleur et une touche vigoureuses, tout à fait rembranesques. Dans l'enfoncement on voit une vieille femme faisant bouillir sa marmite, et sur la droite, la porte du cellier ouverte laisse entrevoir une femme près d'un tonneau.

Bois. Haut. 25 cent., larg. 32 cent. 1/2.

LE MÊME

73. **Ustensiles de ménage.**

Ce tableau, par la vérité des détails, la finesse et l'esprit de la touche, est un des plus piquants qui soient sortis du pinceau de ce maître. Le chaudron y occupe, comme dans tous ses ouvrages, la place principale. On y trouve une entente parfaite du clair obscur, qui met tous les objets en relief.

Bois. Haut. 12 cent. 1/2, larg. 15 cent.

KAREL DUJARDIN

74. **L'Anier.**

Un terrain sablonneux, borné par des dunes qui s'élèvent aux bords d'une rivière coulant dans le fond du paysage. Sur le devant, le peintre a placé plusieurs figures peintes avec autant de naturel que de vérité. Ici, c'est un ânier, dont la monture pacifique est arrêtée, et qui converse avec un pâtre et sa compagne. Un peu plus loin on voit un voyageur portant un fusil et suivant d'un air délibéré la route opposée. L'effet suave et harmonieux de la couleur imprime à cette composition si simple, un charme tout particulier.

Bois. Haut. 28 cent., larg. 38 cent.

KESSEL (JEAN VAN)

75. **Bouquet de fleurs.**

Cet ouvrage capital ressemble, par l'éclat des couleurs, à ces bouquets d'artifices dont les feux coloriés retombent en gerbes et se détachent sur le ciel par une belle nuit. Ici ce sont des tulipes, des lis, des roses et mille autres fleurs dont les tiges élégantes et les nuances variées se disputent le prix en s'élançant d'un vase richement ornementé, pour se développer sur un fond sombre qui les fait ressortir. Nous appelons l'attention des connaisseurs sur ce tableau, d'autant plus rare, que presque toutes les compositions de Van Kessel, en ce genre de peinture, offrent des guirlandes servant d'entourage à des médaillons peints par Franck, Rothenamer, Teniers, et qui, par l'accumulation des fleurs sur une très-petite surface, ne peuvent avoir cette harmonie.

Bois. Haut. 91 cent. 1/2, larg. 73 cent. 1/2.

KONNING

76. **Paysage.**

Il représente une plaine immense, traversée par une route en ligne droite conduisant à une ville qu'on aperçoit dans le lointain. A gauche, une rivière serpente au milieu de terrains cultivés avec soin et bordés d'arbres. Sur le premier plan, un pâtre à cheval conduit quelques bestiaux qui sortent sans doute des maisons d'un village qu'on voit à droite au milieu des arbres. Tout dans cette riche campagne annonce l'aisance et les bienfaits de la civilisation. L'air et la lumière y sont parfaitement distribués, et l'artiste a fait preuve d'une rare entente de la perspective aérienne, qui est d'un effet surprenant.

Bois. Haut. 35 cent., larg. 50 cent. 1/2.

LEDUC (JEAN)

77. **Le Corps de garde.**

On y voit des soldats groupés autour d'une cheminée et jouant aux cartes. La partie est vivement engagée. Près d'eux, enveloppé dans son manteau, se tient debout le commandant du poste, dont la figure impassible contraste singulièrement avec l'acharnement des joueurs. Au fond, à gauche, entre un soldat tenant des bottes de paille.

Une grande finesse de tons, une dégradation savante de la lumière, sont les qualités distinctives de cet ouvrage qu'on peut, à juste titre, considérer comme un des morceaux de choix de ce maître.

Bois. Haut. 41 cent., larg. 54 cent.

MAAS

78. **La Boulangère.**

Dans l'enfoncement d'une boutique garnie de rayons et éclairée par une fenêtre à gauche, une boulangère, la tête entourée d'un mouchoir blanc noué sous le menton, est devant son comptoir, sur lequel on voit des pains de différentes formes, des échaudés, une espèce de baquet et un cornet, et pour tout ornement un bouquet dans un vase; en attendant le chaland, la boulangère s'occupe, comme une bonne ménagère qu'elle est, à faire de la dentelle, et ce soin absorbe toute son attention. Ce tableau intéresse par la vérité et surtout par la parfaite honnêteté de cette excellente figure hollandaise.

Toile. Haut. 75 cent. 1/2, larg. 62 cent.

MABUSE (Jean de)

79. **Portrait.**

Portrait d'une fille de Jean de Mabuse. Elle est fort jolie, coiffée avec beaucoup de soin en bandeaux ondés, et vêtue avec recherche. Devant elle est son livre d'heures qu'elle semble occupée à parcourir, tandis que d'une main elle tient un vase en or richement ciselé, qui attire aussi son attention, et dont le travail précieux, dans le goût du temps, se relève en ronde bosse. On sait combien les tableaux de Jean de Mabuse sont rares et estimés; celui-ci se distingue par un grand fini et un coloris des plus vigoureux.

Bois. Haut. 37 cent., larg. 26 cent. 1/2.

METZU (Gabriel)

80. **Le Marché aux herbes d'Amsterdam.**

Sur le devant de la place, où circulent un grand nombre de personnages, se tient le marché. Différents groupes disposés avec esprit animent la scène par des détails vrais et piquants. Ici c'est un jeune cavalier vêtu d'un justaucorps rouge et le chapeau sous le bras, qui se glisse auprès d'une jolie pourvoyeuse à laquelle il paraît vouloir en conter, et qui l'accueille en souriant. Là, deux poissardes, dont l'une les poings sur les hanches, et l'autre assise sur sa brouette contenant divers légumes, se disputent vivement et attirent l'attention de quelques passants, tandis qu'un homme portant une mue poursuit son chemin sans y faire attention. Un peu plus loin, une marchande de volailles est assise devant un étal qui est abrité par une banne en guise d'auvent; enfin, sur la droite, une marchande de liquide reçoit en payement une pièce de monnaie d'un homme du port; Des poules, différents légumes, un chien qui semble vouloir se mettre en guerre avec un coq juché sur le haut d'une mue, et dont la crête rougit déjà de colère, sont autant d'accessoires qui complètent l'ensemble de cette composition aussi agréable que variée. Après la description du sujet principal, nous ne pouvons nous dispenser d'appeler l'attention des connaisseurs sur le fond du tableau, qui nous offre la vue de l'hôtel de ville d'Amsterdam, du bâtiment du poids public, de l'église et des maisons qui occupent la droite de la place. Les détails de ces divers monuments sont d'une telle finesse et d'une telle exactitude, qu'on aurait cru Vander Heyden seul capable de faire illusion à ce point.

Le sujet de ce tableau et la perfection avec laquelle il est traité, donnent lieu de penser que c'est le même qui a été cité par Descamps comme faisant partie, à l'époque où il écrivait, du cabinet de M. de Laboueixière. Il provient en dernier lieu de celui de M. Lorch.

Bois. Haut. 56 cent., larg. 45 cent.

METSYS (Quentin)

81. **Un Philosophe en méditation.**

Il est assis au milieu de son cabinet, orné de détails dans le style gothique d'un précieux travail, et tient son doigt posé sur une tête de mort. Son geste est traduit par une inscription qu'on lit sur une tablette : *Cogita mori* (Pensez à la mort.) Ce petit tableau est très-soigné.

Bois. Haut. 14 cent., larg. 18 cent. 1/2.

MIEL ou MÉEL (Jean)

82. **Paysage. Site d'Italie, figures et animaux.**

Près d'une ferme dont les bâtiments portent ombre sur la partie gauche du tableau, on voit une jeune paysanne, un bâton à la main, conduisant aux champs un troupeau de bœufs et de vaches dont les attitudes sont plus ou moins pittoresques. Tout près et assis sur une pierre, est un jeune garçon vêtu d'un justaucorps rouge et ayant son chien près de lui. La lumière, habilement répartie, se joue à travers un bouquet d'arbres et harmonise toutes les parties de ce beau tableau, qui rappelle à plusieurs égards les ouvrages de Pynacker. Il est rare de trouver de J. Miel un tableau aussi clair.

Toile. Haut. 57 cent. 1/2, larg. 68 cent. 1/2.

MIÉRIS (François)

83. **Portrait d'homme.**

Un personnage important, vêtu d'un habillement couleur pourpre Japon, la tête nue et tenant sa main droite sur sa poitrine. Sa figure se détache sur un fond de draperie verte, et porte un caractère de vérité qu'on ne peut méconnaître.

Cuivre. Haut. 21 cent. 1/2, larg. 18 cent.

MIÉRIS (Guillaume)

84. **Une Dame jouant de la mandoline.**

Vêtue d'un riche ajustement composé d'un corsage rouge à manches tailladées et d'une robe de satin blanc, elle est assise près d'une table sur laquelle elle s'appuie et qui est couverte d'un riche tapis. Devant elle est posé un cahier de musique qu'elle suit attentivement en s'accompagnant de son instrument, exercice qui lui donne occasion de faire valoir tous les avantages dont elle est pourvue, car c'est une dame dont tous les détails de toilette sont, ainsi que la coiffure, des plus soignés, et dont la figure est aimable, et les manières gracieuses. Ce tableau est exécuté avec la finesse ordinaire du pinceau de G. Miéris.

Bois. Haut. 30 cent. 1/2, larg. 27 cent.

MOMMERS

85. **Paysage pastoral.**

Au milieu d'un paysage montueux et pittoresque, deux villageoises et un pâtre gardent des chèvres et des moutons. L'une des jeunes filles est debout et file sa quenouille, l'autre trait une chèvre, tandis que le pâtre, couché sur l'herbe, joue avec un chien. La touche vive et animée de ce joli tableau rappelle celle de Berghem, et son coloris, qui est celui de la nature, a un rapport frappant avec celui d'Oméganck.

Bois. Haut. 42 cent. 1/2, larg. 55 cent.

MOOR (Carle de)

86. **Portrait de femme.**

Portrait d'une jeune dame d'une physionomie agréable; ses cheveux blonds et bouclés sont arrêtés par derrière au moyen d'une guirlande de perles, et ombragés par trois plumes qui relèvent sa coiffure ; elle est vêtue d'une robe noire qui est retenue avec grâce par une riche agrafe et qui laisse sa poitrine entièrement découverte. Petit tableau de forme ovale dans un cadre en bois d'ébène. Cabinet de Guigne.

Bois. Haut. 12 cent. 1/2, larg. 9 cent.

LE MÊME

87. **Les Apprêts pour le passage du gué.**

Dans un paysage boisé, deux enfants, garçon et fille, commis à la garde d'un troupeau de vaches et de chèvres, se disposent à passer un gué. Déjà debout, le jeune pâtre a retroussé sa jaquette, tandis que la petite fille, encore assise, tire ses bas. Il y a dans les poses et les expressions de figure de ces deux enfants tant de naturel de vérité, qu'on peut dire, sans crainte d'être démenti, que le peintre a pris ici la nature sur le fait. Nous trouvons dans ce précieux tableau d'un coloris chaud et harmonieux et d'une lumière vive et piquante, quelque chose qui nous rappelle les ouvrages de Murillo et de Karel Dujardin.

Cuivre. Haut. 25 cent., larg. 32 cent.

MOUCHERON (Frédéric)

88. **Vue d'un parc royal.**

Tableau capital dans lequel Moucheron nous a représenté avec la fidélité d'un portraitiste habile la vue d'un parc magnifique dont l'effet grandiose et la belle ordonnance des lignes charment les yeux des spectateurs. Nous devons à ce peintre de la reconnaissance pour nous avoir conservé le souvenir de cette beauté régulière des jardins d'autrefois, et de ces majestueuses allées en ligne droite, venant aboutir à un centre commun, orné de statues et de fontaines d'une riche architecture. Nous n'avons plus que Versailles qui puisse nous donner une idée de ce beau genre français, abandonné, comme beaucoup d'autres habitudes, pour le genre anglais. Au milieu des épais massifs du parc qui l'entourent, et à une certaine distance, s'élève le château, d'une belle et noble architecture. Il est abrité d'un côté par des montagnes qui bornent l'horizon, de l'autre s'étendent les jardins et le parc, dont les allées aboutissent à un rond-point qui forme le premier plan du tableau. Cette partie est ornée de plantes d'une riche végétation, et décorée de statues et d'une fontaine surmontée de celle de Neptune. Des tritons et des sirènes, rangés autour du piédestal, soufflent dans leurs conques et lancent des jets d'eau qui retombent dans le bassin. En face, une magnifique allée de peupliers conduit en droite ligne à une autre fontaine taillée dans le roc et dont les eaux tombent en cascade et servent de point de vue. Ici la perspective aérienne est admirable, et cette allée fuit si parfaitement, qu'il nous semble impossible de voir rien de plus vrai dans la nature. Le paysage, pris à la fin d'une belle journée d'automne, est d'un ton doux et harmonieux. Berkeyde a contribué à l'ornement de ce bel ensemble en y plaçant différents groupes de promeneurs qui concourent à l'effet pittoresque, et qui animent la scène par des poses et des attitudes variées.

Toile. Haut. 61 cent. 1/2, larg. 77 cent.

LE MÊME

89. **Paysage et Figures.**

A gauche des masses d'arbres s'avancent jusque sur les bords d'un ravin d'où s'échappent des cascades qui viennent former une nappe d'eau sur le premier plan ; au bord du chemin on remarque trois figures drapées dans le style antique, parfaitement d'accord avec le paysage poétique, qui est de la plus riche composition et dont les lointains sont terminés par des montagnes. Un soleil d'automne répand sur toutes les parties de ce bel ensemble une chaleur douce et harmonieuse digne des pinceaux de J. Both et de Claude Lorrain; c'est le plus bel éloge que nous puissions faire de ce tableau, auquel nous ne connaissons pas d'équivalent dans l'œuvre de ce peintre, sous le rapport de l'harmonie.

Toile. Haut. 55 cent., larg. 45 cent.

NÉER (Art. Vander)

90. **Paysage. Effet de jour.**

Précieux petit tableau représentant, comme presque tous ceux de ce peintre, un village traversé par un canal. Dans celui-ci, des arbres ombragent de chaque côté la route qui longe le canal, dans les eaux duquel se reflètent les nuages. Deux ou trois figures, dont un pêcheur à la ligne, une barque, quelques moutons; sont les accesoires de cette composition prise à l'effet de jour.

Bois. Haut. 20 cent., larg. 25 cent.

LE MÊME

91. **Effet d'hiver.**

Des patineurs sur un canal glacé qui longe un village entouré d'arbres dépouillés de leurs feuilles. Joli tableau d'une touche facile et spirituelle, et dans lequel le peintre a trouvé moyen de nous donner l'idée des plaisirs de l'hiver en abrégé.

Bois. Haut. 27 cent., larg. 35 cent.

LE MÊME

92. **Clair de lune.**

Si ce tableau est petit, l'effet en est grand. Les nuages amoncelés au ciel s'entr'ouvrent pour donner passage à la lune qui les éclaire, en même temps qu'elle se reflète dans les eaux de l'Amstel, dont le poli, qui ressemble à celui d'une glace, est à peine troublé par le sillage de quelques embarcations qui le traversent. Sur les bords du rivage, on remarque un village qui se prolonge de droite à gauche et dont la vue ne peut suivre le développement. Cette scène, que le calme de la nuit rend imposante, n'est animée par aucun être vivant, si ce n'est un pêcheur dont la silhouette se dessine sur la transparence des eaux, et qui s'apprête à jeter son filet.

Bois. Haut. 22 cent. 1/2, larg. 30 cent.

NÉER (Églon Vander)

93. **Portrait d'homme.**

Un personnage portant un chapeau à larges bords, une cravate garnie de dentelle, et vêtu d'une robe de chambre couleur pourpre Japon, est assis le bras appuyé sur une table recouverte d'un riche tapis, dans un appartement dont la fenêtre ouverte laisse voir un pays montagneux. Il paraît livré à ses réflexions, et préoccupé d'une affaire dont il pèse les chances. Sa physionomie ouverte et franche, prévient en sa faveur. Tableau d'une touche brillante qui fait beaucoup d'honneur au talent d'Églon Vander Néer.

Bois. Haut. 23 cent., larg. 19 cent.

NETSCHER (Gaspard)

94. **Portrait de femme.**

Portrait d'une dame hollandaise vêtue de satin gris ; elle est assise la tête appuyée sur la main droite et se livre à ses réflexions, tandis que de la gauche elle ajuste son écharpe. Un rideau rouge relevé, qui occupe le fond de ce tableau, fait ressortir sa figure agréable.

Toile. Haut 48 cent., larg. 39 cent.

LE MÊME

95. **Le Jeu du toton.**

Trois enfants, dont un garçon et deux petites filles, abrités derrière une charmille, s'amusent à jouer au toton. Attentifs à suivre le sort des enjeux, ils semblent déjà éprouver, quoique dans un âge si tendre, les émotions de la passion du jeu, qui peut un jour devenir si fatale. On aurait presque regret de voir ainsi préoccupées ces jolies figures si bien posées et si bien ajustées, si leurs grâces naïves et enfantines, qui prédominent heureusement la scène, ne rassuraient le spectateur. Cette charmante composition, dans laquelle se révèle tout le talent de Netscher, est grassement peinte, et ne sent pas la peine et le travail. C'est ce qui caractérise les bons ouvrages de ce maître, l'un des peintres de genre les plus aimables de l'école hollandaise.

Toile. Haut. 38 cent., larg. 31 cent.

LE MÊME

96. **Portrait de femme.**

Une dame se promenant dans son parc, et tenant dans la main une grappe de raisin qu'elle vient de cueillir. Elle est vêtue d'une robe de satin gris à corsage busqué, et porte un dessous de soie jaune; son petit chien est à ses côtés. Le talent particulier de Netscher, pour peindre les étoffes et en faire ressortir les reflets, est assez connu. Il n'a point ici failli à sa réputation. Quant à la tête, qui est finement peinte, c'est un portrait qui a dû être ressemblant, car il porte un caractère de vérité qui ne permet pas de supposer aucune invention de la part du peintre.

Bois. Haut. 40 cent., larg. 32 cent.

OSTADE (Adrien van)

97. **Le Maître d'école.**

Voici un charmant échantillon des premiers temps d'Ostade dans lequel on reconnaît le germe de ce talent piquant et original qui a tenu tout ce qu'il promettait. Cette masure dans laquelle la lumière pénètre si bien, et qui sert à ce pédagogue coiffé d'une énorme bonnet pointu pour tenir sa classe; sa figure grotesque et celles si amusantes et si variées de ces marmots tracés en deux coups de pinceau, ces détails si piquants, que fait valoir un coloris tendre, blond et vaporeux, tout ici se réunit pour charmer l'œil et plaire à l'esprit. Ce n'est toutefois qu'après avoir étudié les procédés dont s'est servi l'auteur de cette peinture légère et facile, qu'on peut en apprécier, comme nous le faisons, tout le mérite. En effet, en regardant d'abord le tableau de près, les objets paraissent à peine indiqués; mais aussitôt que vous l'avez mis à son point de vue, chacun de ces objets prend sa forme, chaque figure son caractère distinctif accusé d'une manière très-sensible, et vous êtes tout étonné de voir un tableau complet là où vous croyiez ne trouver qu'une esquisse. C'est l'effet de cette magie de l'harmonie qui met tout à sa place, et dont Ostade a su tirer un si grand parti. On connaît de lui plusieurs sujets de ce genre dans sa première manière; quelques-uns ont été gravés; nous n'en avons pas vu de plus spirituel. Ce tableau porte sa signature.

Bois. Haut. 19 cent. 1/2, larg. 20 cent.

OSTADE (Isaac van)

98. **L'Ivrogne.**

Nous voyons ici un buveur déterminé dans un état presque complet d'ivresse, ainsi que l'annoncent sa figure enluminée, sa trogne rouge et son œil enflammé. Du baquet sur lequel il était assis, il a glissé et est étendu par terre, le coude appuyé sur ce même baquet, et regardant avidement son verre avant de le vider. Un broc posé sur un autre baquet renversé est le seul accessoire de ce tableau, dans lequel Isaac Ostade semble avoir voulu caractériser l'ivrognerie, et qu'il a peint avec la verve et l'énergie qui distinguent ses bons ouvrages.

Bois. Haut. 15 cent., larg. 12 cent.

PALAMÈDES

99. **Intérieur d'un corps de garde.**

On y voit un officier debout devant une femme assise et tenant un marmot. Sa mine est rechignée, et elle semble vouloir invectiver son interlocuteur, sans doute son mari, dont la figure est impassible. De l'autre côté est un trompette qui n'attend que le signal de son commandant pour couvrir la voix de cette piaillarde, qu'un de ces militaires s'efforce de calmer. D'autres regardent cette scène en se chauffant. Ce tableau est peint avec soin.

Bois. Haut. 29 cent. 1/2, larg. 38 cent.

LE MÊME

100. **Compagnie hollandaise.**

Dans une chambre richement meublée et décorée, une société de dames et de cavaliers, au nombre de quatorze, se livre au plaisir de la conversation et aux charmes de la musique. Ce groupe de personnages, brillamment éclairé, se détache et ressort sur le fond tenu dans l'ombre. La distribution de la lumière et l'entente du clair-obscur sont ici particulièrement remarquables. Les couleurs différentes des vêtements de ces personnages si bien groupés, loin de se nuire, s'harmonisent parfaitement et concourent à produire l'effet le plus satisfaisant à l'œil. L'esprit est également satisfait à la vue de ces *à parte* dont chacun a son intérêt.

Bois. Haut. 45 cent., larg. 59 cent. 1/2.

POELEMBURG

101. **Paysage et Figures.**

Dans une campagne riante, au pied d'un rocher couronné de verdure, des nymphes découvrent à Diane la grossesse d'une de leurs compagnes. Joli tableau d'une touche légère et d'une couleur suave.

Bois. Haut. 19 cent., larg. 26 cent. 1/2.

REMBRANDT (Paul van Ryn)

102. **Les Pèlerins d'Emmaüs.**

Jésus-Christ, assis à table entre les deux pèlerins, vient de rompre le pain. Sa tête est entourée d'une auréole resplendissante qui éclaire la scène, en mettant en relief les figures des pèlerins. Les reflets de cette vive lumière émanant de Jésus répandent l'harmonie dans toutes les parties de cet admirable tableau, dont le sujet a été particulièrement affectionné de l'artiste qui l'a traité plusieurs fois avec des différences plus ou moins grandes dans la composition, le caractère des têtes ou les dimensions des figures. Il a gravé celui-ci à l'eau-forte. Le sentiment de la couleur, inné chez Rembrandt, en a fait un peintre à part qu'on ne peut comparer à aucun autre. Son génie est tout entier dans la magie du clair-obscur, dont il a deviné et épuisé les combinaisons les plus variées. C'est peut-être le plus puissant coloriste de tous les peintres; c'est du moins celui qui a su tirer le plus grand parti des contrastes produits par l'opposition de la lumière et des ombres.

Toile. Haut. 46 cent., larg. 37 cent. 1/2.

ROMBOUTS

103. **Paysage.**

A droite est un chemin sablonneux qui se prolonge jusqu'au milieu du tableau, et dont les bords sont couverts de broussailles au-dessus desquelles s'élèvent de grands arbres; au tournant du chemin, qui paraît s'enfoncer dans le bois, un villageois assis, sa pipe à la main, et une paysanne debout font la conversation non loin de deux habitations rustiques construites sur la lisière du bois; la gauche présente un terrain vague formé de monticules qui s'élèvent en amphithéâtre, éclairés par une lumière accidentée, et qui vont se perdre à l'horizon, sur lequel se détache le clocher d'une église lointaine. Tel est l'aspect de ce site mélancolique et sombre, mais offrant cependant un charme dont on ne peut se défendre, celui de la rêverie, qui calme l'esprit et le repose des émotions de la ville.

Ce tableau, d'un coloris vigoureux, est un des meilleurs ouvrages de Rombouts, dont il porte l'initiale.

Bois. Haut. 50 cent. 1/2, larg. 65 cent. 1/2.

ROTHENAMER

104. **Vénus et Adonis.**

Dans un paysage boisé, Vénus et Adonis se donnent des gages de leur mutuelle tendresse. Adonis tient attachés par un même lien l'Amour et son chien, symbole de la fidélité. Tableau fin et d'une belle couleur.

Cuivre. Haut. 32 cent. 1/2, larg. 26 cent. 1/2.

RUBENS (Pierre-Paul)

105. **Saint Jérôme priant. Effet de lumière.**

Retiré dans sa grotte, ayant devant lui un crucifix, et l'une de ses mains posée sur une tête de mort, le saint lit les Écritures à la lueur d'une lampe dont les reflets éclairent une partie de son corps d'une teinte dorée, tandis que l'autre reste dans le clair-obscur. Cet effet de lumière, habilement rendu, produit un effet magique.

Bois. Haut. 55 cent., larg. 45 cent. 1/2.

LE MÊME

106. **Épisode du jugement dernier.**

Les réprouvés livrés aux démons, qui les précipitent aux enfers. Étude pleine de feu, de la plus grande énergie et du plus vigoureux coloris. *Vente Ricketts.*

Bois. Haut. 24 cent., larg. 19 cent.

RUBENS (École de)

107. **Réunion galante.**

Sous un frais ombrage, deux jeunes seigneurs et deux jolies dames se livrent aux plaisirs de la conversation et de la musique. Tous quatre, dans cet âge heureux de plaire, semblent n'avoir aucun autre souci. De ce quatuor galant, deux acteurs sont assis, un cavalier tenant une mandoline, et une dame portant une collerette à plis gaufrés ; les deux autres sont debout, et la dame, qui, au contraire de son amie, est parée d'une collerette transparente relevée en éventail, reçoit des mains de cette amie une branche de roses. Ces personnages, dont la bonne mine est encore relevée par de riches ajustements, sont remarquablement peints. Le coloris est fort beau, et les étoffes sont à prendre à la main.

Bois Haut. 46 cent. 1/2, larg. 63 cent.

RUYSDAEL (SALOMON)

108. **Vue d'un canal de Hollande.**

Un canal couvert de barques dont plusieurs sont amarrées près d'une tour et d'un fortin qui dominent ses rives. Deux maisons et un pigeonnier qu'on aperçoit, entourés d'arbres et de broussailles, indiquent un lieu de relâche et de repos. Sur le premier plan, des pêcheurs, dans leurs barques, sont occupés à jeter leurs filets dans les eaux transparentes du canal, qui reflètent alternativement les effets de la lumière argentée du ciel ou ceux des masses dont les ombres se projettent au loin. L'effet général est pittoresque et d'une grande vérité.

Bois. Haut. 38 cent., larg. 52 cent. 1/2.

SCHALKEN (GODEFROY)

109. **Portrait d'homme.**

Portrait d'un homme dans la force de l'âge, coiffé d'une toque en velours rouge rejetée négligemment sur l'oreille. Sa figure, dont la plus grande partie est dans le clair-obscur, est frappée accidentellement d'une lumière vive qui donne de la transparence aux demi-teintes. Ce tableau est d'un fini précieux et d'une harmonie parfaite.

Bois. Haut. 21 cent., larg. 16 cent.

LE MÊME

110. La Dame au perroquet.

Assise au bord d'une croisée cintrée autour de laquelle serpente une vigne verdoyante chargée de grappes de raisin, une vieille dame vêtue d'une camisole de velours violet rehaussé d'un galon d'or, s'amuse à présenter à son perroquet un morceau de biscuit trempé dans du vin blanc contenu dans un verre que tient un jeune garçon placé devant elle, et dont la tête se détache sur le rideau de la croisée. Cet agréable passe-temps paraît beaucoup amuser la dame, dont le goût pour la société des bêtes n'est pas équivoque, car, indépendemment de son perroquet, elle tient attaché près d'elle un écureuil qui mange une grappe de raisin, au grand scandale d'une pie-grièche qui s'éloigne d'un air menaçant. Ce tableau, très-finement peint, est d'une grande transparence de ton.

Toile. Haut. 40 cent. 1/2, larg. 31 cent. 1/2.

SÉGHERS (Gérard)

111. La Vierge, l'Enfant Jésus et sainte Anne.

La Vierge, dans son intérieur, est assise tenant l'Enfant Jésus sur ses genoux tandis que sainte Anne arrange son berceau. La tête de l'Enfant-Dieu, qui est ornée d'une chevelure blonde et bouclée, est des plus expressives et du plus piquant effet. Il se presse sur le sein de sa mère, qu'il cherche à entourer de ses bras caressants, et laisse voir dans toute sa splendeur un corps dégagé des langes qui l'enveloppent, et dont toutes les parties sont traitées avec un soin extrême. Mais on est surtout frappé du caractère grandiose de la tête de Marie, qui offre le type perfectionné du beau idéal. Cette perfection des formes qui s'allie si bien avec l'expression des sentiments les plus doux de la nature, a quelque chose de ravissant. Il n'est pas jusqu'à la figure accessoire de sainte Anne dont le peintre] n'ait su tirer un grand parti, par le contraste de la beauté qui finit avec celle de la Vierge qui est dans tout son éclat.

Ce tableau, exécuté par Séghers, l'un des chef de l'École flamande, quand il était à l'apogée de son talent, prouve combien il avait su mettre à profit la vue des œuvres des grands maîtres d'Italie, et combien il avait perfectionné son coloris en étudiant celui de Rubens, dont il fut l'ami. Élévation de style, finesse et fermeté d'exécution, éclat du coloris, bel agencement des draperies, tout se réunit dans ce chef-d'œuvre qui a enlevé les suffrages de tous les connaisseurs. Il a été gravé par Pontius.

Cuivre. Haut. 52 cent. 1/2, larg. 40 cent.

SLINGELANDT

112. Une Jeune femme à sa fenêtre.

Elle tient d'une main son éventail, et de l'autre une fleur qui est peut-être un souvenir, et s'appuyant sur un coussin, son regard semble chercher ou accompagner quelqu'un. Ce portrait, car c'en est un, est une nouvelle preuve de l'art infini avec lequel les peintres flamands savent mettre les accessoires en harmonie avec la figure principale. La dame en question est rousse, et l'artiste lui a donné un mantelet de velours de la couleur de ses cheveux, de sorte que les reflets se trouvent ainsi accompagnés et fondus dans une même teinte, et par conséquent ne font aucun disparate au reste de l'ajustement. On ne peut s'empêcher d'admirer le fini précieux et le détail incroyable de la broderie et de la frange du coussin rouge posé sur la fenêtre.

Bois. Haut. 22 cent., larg. 18 cent.

STEEN (Jean)

113. **La Partie de trictrac.**

Ce tableau, d'une riche composition, ne compte pas moins de huit figures, dont le groupe principal est celui de deux joueurs de trictrac, homme et femme, et d'un personnage qui les regarde. La dame, assise devant une table couverte d'un tapis, et le bras appuyé sur le jeu de trictrac, s'apprête à marquer ses points; mais elle est indécise et attend les conseils du cavalier qui se tient debout en face d'elle et qui, en lui expliquant le coup, indique avec le bout de sa pipe le parti qu'elle en doit tirer ; ces deux figures, vivement éclairées, sont touchées avec l'esprit qu'on connaît à J. Stéen. Derrière le groupe principal, en est un autre plus réjouissant, d'un homme qui fait mine d'embrasser une jeune femme, laquelle paraît s'y prêter de bonne grâce. A gauche, un valet verse du vin dans un verre, tandis que du côté opposé on voit dans la pièce voisine une jolie servante apportant des rafraîchissements. Sur le devant, un vase destiné à faire rafraîchir des vins, un fauteuil contre lequel sont appuyés la canne et le chapeau du joueur de trictrac, et qui sert pour le moment de domicile à un joli petit chien, tandis qu'un autre, dont le collier est attaché par un ruban rouge, flaire peut-être quelque friandise. Dans le fond est un lit à dôme. Un lustre, une guitare, terminent l'ameublement de cette pièce, dont la tenture en cuir de Russie se reflète en teintes dorées, et produit un de ces effets comme on en trouve dans les meilleurs tableaux de P. de Hoogh. Ce tableau, d'une grande finesse d'exécution, est dans son genre un des plus piquants qu'on puisse rencontrer de ce maître.

Bois. Haut. 50 cent. 1/2, larg. 43 cent.

SWANEVELT (dit HERMAN d'Italie)

114. Paysage composé.

Au milieu d'un site sauvage et pittoresque entouré de montagnes couvertes de bois, coule une rivière dont les eaux viennent retomber en cascade sur le premier plan. A gauche, s'élève un arbre majestueux dont la cime imposante semble toucher au ciel, et protége de son ombre tutélaire, contre la chaleur du jour, deux pêcheurs, dont l'un a jeté sa ligne. Cette atmosphère chaude et dorée qui répand son harmonie sur toutes les parties du paysage, cette solitude grandiose et silencieuse qui invite à la méditation, tout ici concourt à élever l'âme vers l'auteur sublime de la création. Dans ce tableau, le plus capital que nous ayons vu de lui, on peut dire que Swanevelt s'est élevé à la hauteur du Lorrain, et qu'il a su comme lui, et aussi bien que lui, rendre le calme de la nature, qui a tant de charmes pour les âmes tendres.

Toile. Haut. 91 cent., larg. 1 mètre 17 cent.

TENIERS (DAVID, DIT LE JEUNE)

115. Les Moissonneurs.

Près de la porte d'un cabaret entouré d'une palissade en planches, trois villageois se reposent des fatigues de la moisson. L'un, vêtu d'une veste rouge, est debout et s'abreuve le gosier en buvant à longs traits à même le broc, tandis que les deux autres, dont un homme en chemise et une vieille femme en béguin, sont assis et bourrent ou allument leurs pipes. Ce trio, dont les expressions de figure offrent l'originalité piquante qui caractérise le pinceau spirituel de Teniers, occupe le devant du tableau: les poses et les attitudes sont d'une vérité parfaite. Un peu plus loin, on voit dans un champ de blé deux autres moissonneurs, dont encore une vieille femme coiffée d'un chapeau cachant une partie de sa figure rébarbative. C'est une excellente caricature. Le coloris de ce tableau piquant est remarquable par sa vigueur.

Toile. Haut. 25 cent., larg. 21 cent. 1/2.

LE MÊME

116. **Le Christ mort soutenu par les saintes femmes.**

Au pied du Calvaire, d'où l'on découvre dans le lointain la ville de Jérusalem, les trois Marie soutiennent le corps de Jésus et se disposent à lui rendre les derniers devoirs. La tête du Christ conserve une expression de calme qui indique combien il a été supérieur aux souffrances, et son corps est éclairé par une lumière vive qui en fait ressortir les formes. La scène se passe en présence de sainte Scholastique, tenant un ostensoir, et de saint François aux stigmates. Sur le devant on remarque la couronne d'épines, les clous et l'écriteau qui ont servi à la passion de Jésus. Tout est finement peint et d'un très-beau coloris. Ce tableau, dans lequel Teniers a pastiché les Italiens, est un des plus piquants qu'on puisse rencontrer. On est étonné de voir comment il a su s'identifier au sentiment et à la manière des maîtres si justement renommés dans ce genre de peinture. C'est un morceau d'une grande rareté.

Bois. Haut. 30 cent., larg. 20 cent.

LE MÊME

117. **Le Doux loisir.**

Sur une terrasse dont la vue domine la campagne, est dressée une estrade ou lit de repos, sur lequel est mollement étendue une jeune et belle femme dont la poitrine est nue et le reste du corps à peine couvert, et qui se livre aux charmes d'un doux loisir. Une draperie rouge sur laquelle se détache la partie supérieure de son corps, et qui fait ressortir la blancheur de sa carnation, la dérobe aux regards indiscrets et l'abrite contre les ardeurs du soleil ou les intempéries de l'air, car la scène se passe au milieu d'un parc dont on voit une allée en ligne droite, terminée par une fontaine. Au pied de l'estrade, un cavalier vêtu dans le costume du seizième siècle touche de l'orgue pour distraire la dame de ses pensées. En ce moment, il retourne vivement la tête vers elle, soit que les aboiements d'un petit chien qui saute après sa maîtresse l'aient distrait, soit pour juger de l'effet que produit sa musique, ou, ce qui est plus probable, qu'il ne puisse se passer un instant de voir celle qu'il aime. Ce tableau, d'une exécution facile, offre tout l'esprit de la touche des meilleurs ouvrages de Teniers, qui pour la composition s'est ici inspiré du tableau du *Titien* connu sous la dénomination de *Philippe II et sa maîtresse.*

Toile. Haut. 37 cent., larg. 55 cent. 1/2

LE MÊME

118. **Une Dame à sa toilette.**

Au milieu d'une salle basse, une jeune et jolie dame dont l'ajustement est du meilleur goût, assise près d'une table couverte d'un tapis vert, la tête appuyée sur sa main, semble méditer sur sa toilette. Devant elle sont des gants, une collerette richement brodée, un collier de pierres fines de couleur monté en or, et une cassette renfermant d'autres bijoux, ainsi que plusieurs vases d'un travail précieux. Un peu en arrière, deux jeunes garçons s'amusent à lancer en l'air des bulles de savon. Le plancher de l'appartement est jonché çà et là d'objets divers, parmi lesquels on remarque un vase de cristal contenant des fleurs, un vase de porcelaine rempli d'une pyramide de gâteaux surmontés d'un petit pavillon, des verres de cristal d'une transparence parfaite, des masques, des patins, un tambour de basque, une mandoline, des livres de musique, des coquillages et deux singes, dont l'un, attaché à un boulet, tient une lorgnette, et l'autre épluche et mange une orange; enfin un perroquet perché sur une chaise. Teniers a-t-il voulu ici personnifier la frivolité, entourée de futalités, ou ces objets constituent-ils le mobilier portatif dont se fait suivre la jolie dame, qui pourrait bien être la femme de quelque commandant militaire obligé par ses fonctions à changer souvent de résidence, ce que sembleraient annoncer une armure complète, un drapeau, un bâton de commandant et des fusées attachées à leurs baguettes, qu'on voit dans un coin de cet appartement en désordre. Quelle que soit au surplus celle de ces deux opinions à laquelle on veuille s'arrêter, ou soit qu'on les adopte toutes les deux, car elles peuvent fort bien se concilier, il est impossible, à moins de l'avoir vu, de se faire une idée du fini précieux de ce tableau, d'un ton si brillant et si argentin. C'est un chef-d'œuvre de délicatesse et de goût, et le point de départ d'où Teniers ayant acquis toute la force de son talent, quitte la manière de Van Kessel pour suivre la sienne propre, ainsi qu'il a pris soin de nous l'indiquer par le petit tableau qui est accroché à la muraille, et qui porte son cachet particulier.

Bois. Haut. 46 cent., larg. 69 cent. 1/2.

TERBURG (Gérard)

119. **Intérieur.**

Au milieu d'une chambre assez vaste au fond de laquelle on aperçoit une armoire servant de bibliothèque et quelques tableaux, un jeune homme, le bras appuyé sur une table, couverte d'un tapis rouge, semble méditer. Serait-ce sur la lecture qu'il a dû faire de l'in-folio qu'on voit appuyé sur son large feutre posé sur la table, ou bien les libations qu'annoncent le pot et le verre à demi pleins qui sont à côté de lui ont-elles donné à ses idées un cours plus gai, c'est ce que nous laisserons le soin de décider à la sagacité des amateurs, en disant toutefois que ce qui pourrait faire pencher la balance en faveur de cette dernière supposition, c'est l'air de bonne humeur et de contentement de lui-même répandu sur les traits de notre personnage, et le soin qu'il a pris de sa toilette, ainsi que le prouve un miroir posé sur l'in-folio: il se pourrait donc bien qu'il méditât quelque expédition galante. Son manteau et un coutelas sont accrochés à un porte-manteau à droite; à gauche est un vaste rideau qui ne laisse pénétrer dans la pièce qu'un jour modéré. Disons que dans ce tableau, comme dans toutes ses compositions, Terburg a pris pour base la vérité; la pose de ce jeune homme est d'un naturel parfait, et on peut dire que la figure est parlante.

Toile. Haut. 60 cent., larg. 46 cent. 1/2.

TOORNVLIET

120. **Intérieur d'estaminet.**

Plusieurs buveurs rassemblés dans une une salle basse. On remarque parmi eux un soldat, revêtu de sa cuirasse, qui paraît faire ses conditions avec la maîtrese du logis, debout près de lui. A droite, un homme assis pince de la guitare. Tableau peint avec franchise, et d'une bonne couleur.

Toile. Haut. 47 cent. 1/2, larg. 39 cent. 1/2.

ULFT (Jean Vander)

121. **Allégorie.**

Il est assez difficile d'indiquer le sujet de ce tableau, si ce n'est qu'il a pris fantaisie à deux bons Flamands, homme et femme, de se poétiser, en se faisant peindre l'un en Jupiter, et l'autre en Junon à sa toilette, assistée des Amours qui lui présentent une glace, laquelle reproduit ses appas hollandais. La scène se passe au milieu des nuages. Si l'idée est ambitieuse, elle appartient aux originaux des deux portraits que nous avons sous les yeux. Quant à l'exécution, elle est fine et soignée, et le peintre a tiré tout le parti possible de son sujet. La femme, vêtue d'une robe jaune à manches courtes sur laquelle flotte une écharpe bleue, est bien posée, et sa figure, vue de profil et très-précisée, se détache en clair avec beaucoup de vivacité sur un nuage. La figure de Jupiter, ou du mari, nu jusqu'à la ceinture, est aussi fort spirituellement peinte. Au total c'est un tableau d'un effet très-piquant. Il porte la signature du peintre.

Bois. Haut. 25 cent. 1/2, larg. 33 cent.

VERBOOM

122. **Paysage.**

Une forte teinte rougeâtre à la cime des arbres annonce que le soleil vient de se coucher, laissant le bois dans l'ombre. Il est traversé en ce moment par des chasseurs dont un cavalier et une dame à cheval accompagnée de plusieurs valets et d'un fauconnier. Ils suivent un chemin bordé de grands arbres et garni çà et là de palissades. Le premier plan est occupé par des plantes, des broussailles, des troncs d'arbres coupés sur lesquels se reflètent en points lumineux et scintillants les dernières teintes du soleil. Les figures sont de la main de Lingelbach.

Bois. Haut. 36 cent. 1/2, larg. 48 cent.

VERBUIS (Arnould)

123. Galanterie hollandaise.

Un cavalier à perruque bien frisée, à moustaches bien peignées, et portant pourpoint à manches tailladées, regarde amoureusement et presse vivement du geste une jeune dame à chevelure blonde, richement vêtue d'une robe de satin blanc garnie de broderies; elle tient une longue pipe à la main, dont elle semble vouloir faire usage, et ne paraît pas prendre un grand soin de se défendre des attaques du galant cavalier, qui n'ont pas l'air de l'effrayer beaucoup. Cette scène, de l'effet le plus piquant, se passe au fond d'un appartement décoré d'une draperie. On aperçoit sur une table un vase et un plateau contenant un verre, du tabac, et une mèche allumée. Ce petit bijou, qui, sous le rapport du fini précieux, peut rivaliser avec les ouvrages de F. Miéris, ne peut manquer d'attirer l'attention et d'obtenir les suffrages des connaisseurs. Il a fait partie de plusieurs cabinets distingués. Les ouvrages de Verbuis sont rares et peu connus en France.

Bois. Haut. 22 cent. 1/2, larg. 18 cent.

VERTANGEN (Daniel)

124. Diane et Calysto.

Ce tableau que Henry, l'ancien expert du musée, proposait en vente publique comme un des ouvrages les plus aimables et les plus capitaux de Vertangen, représente Diane à qui on vient de découvrir la faiblesse de Calysto, une de ses nymphes. Entourée de l'élite de ses compagnes formant une espèce de tribunal, la déesse est assise sur un tertre de verdure ombragé par des arbres touffus et arrosé par les eaux d'une fontaine qui coule à ses pieds. On amène devant elle, pour y être jugée, la délinquante, dont le ventre arrondi annonce assez l'espèce de délit. Cette composition de douze figures différemment groupées et éclairées, et très-finement peintes, présente des contrastes du plus piquant effet. Les fonds du tableau offrent la vue d'une immense campagne couverte de collines boisées; enfin le coloris est de la plus grande fraîcheur.

Cuivre. Haut. 40 cent. 1/2, larg. 54 cent.

VONCK

125. **Chien flairant du gibier.**

Au milieu d'une campagne qui paraît favorable pour la chasse, et au pied d'un arbre dont le tronc et les branches dénudés attestent l'ancienneté, on voit posés sur le sol un canard sauvage, un perdreau et divers oiseaux qu'un jeune chien de chasse de belle race est occupé à flairer en véritable amateur. Pour la vérité, la vigueur de la touche et du coloris, ce tableau, suivant nous, ne peut être comparé qu'aux beaux ouvrages de Honde Koëter. On connaît à peine en France les ouvrages de Vonck. Celui-ci porte sa signature.

Toile. Haut. 85 cent., larg. 1 mètre 4 cent.

WÉENIX (JEAN) LE FILS

126. **Gibier mort.**

Sur l'appui d'une croisée en arcade dont le cintre est garni de pampres, on voit étendues une perdrix et des alouettes. Un beau chien de race épagneule garde ce gibier. La tête de ce bon animal est parlante; il est impossible de pousser plus loin l'imitation de la nature : c'est à faire illusion.

Bois. Haut. 47 cent., larg. 42 cent.

WEENIX (Jean-Baptiste)

127. **Le Repos du voyageur.**

Au pied d'une ruine ou monument abandonné, non loin des bords de la mer, un pauvre piéton voyageur, qui paraît accablé de fatigue, s'est assis, et après avoir quitté sa chaussure, repose sur le sol nu, ses pieds endoloris par une longue marche. Il a près de lui une sorte de valise qui contient sans doute tout ce qu'il possède, et un chien, probablement son seul ami. Sa jeunesse, son dénûment et la tristesse empreinte sur ses traits déjà fatigués, inspirent et attirent l'intérêt. Wéenix s'est ici montré peintre d'expression, et cette simple figure, placée dans un lieu dont l'aspect est en rapport avec la situation de ce pauvre voyageur, vaut peut-être, aux yeux des gens qui compatissent au malheur, beaucoup de ces beaux messieurs et de ces belles dames empanachés que ce peintre s'est plu à représenter si souvent, promenant leur oisiveté sur les quais des ports de mer. Le coloris de ce tableau est chaud et harmonieux, comme on ne le trouve que dans ses ouvrages de choix.

Toile. Haut. 62 cent. 1/2, larg. 49 cent.

LE MÊME

128. **Retour de chasse.**

Près des murs du parc d'un château de noble apparence, des valets, des piqueurs, des chiens, de retour de la chasse, sont étendus accablés de lassitude. Un peu en avant, la dame châtelaine, qui a pris part aux plaisirs de la journée, vient de descendre de son cheval, qu'un page tient par la bride. Elle est vêtue d'une robe de soie blanche relevée par un corsage de velours bleu clair, ceint d'une écharpe qui flotte au gré du vent de la manière la plus pittoresque. Près d'elle, une de ses femmes est encore à cheval. A quelques pas de distance, un cavalier, précédé de plusieurs lévriers, arrive au galop; c'est le seigneur du lieu et le mari de la dame. On voit à droite les arbres du parc, et l'entrée du château, dont le perron est orné de vases et de statues. Un vieillard en descend les marches pour venir féliciter les arrivants. A gauche est un parterre orné d'un bassin dont les eaux sont jaillissantes, et dans le lointain se dessinent des montagnes derrière lesquelles vient de se coucher le soleil.

Ce joli tableau est peint dans la manière douce et harmonieuse des ouvrages d'A. Vandevelde, avec lesquels il peut, sous plus d'un rapport, soutenir la comparaison.

Toile. Haut. 36 cent., larg. 32 cent.

WERFF (PIERRE VANDER)

129. **La Leçon de dessin.**

Dans un cabinet de travail, deux jeunes gens sont réunis près d'une table sur laquelle on voit un modèle en relief et du papier à dessin de différentes couleurs. L'un des jeunes gens d'une figure et d'une mise distinguées, et dont les cheveux bruns descendent en boucles sur ses épaules, est assis le coude appuyé sur la table et tient d'une main un dessin, et de l'autre un porte-crayon. Le second jeune homme, qui est blond et qui porte une collerette brodée, se tient debout derrière le premier et semble lui faire des observations, en indiquant du doigt les changements à faire au dessin qui lui est présenté. Ce tableau est finement peint, comme tout ce qui tient à l'École d'Adrien Vander Weff, dont Pierre était le frère et l'élève.

Bois. Haut. 34 cent. 1/2, larg. 27 cent.

WITTE (Emmanuel de)

130. **Intérieur d'un temple protestant.**

Il est éclairé par une lumière chaude et dorée dont les reflets, habilement projetés dans les différentes parties de l'édifice, font ressortir les profils et les reliefs des piliers qui le soutiennent ; des figures posées avec discernement accusent les plans divers et la profondeur du temple. Le coloris de ce tableau rappelle tellement celui de *Cuyp*, qui a traité quelquefois ce genre, qu'on n'hésiterait pas à le lui attribuer s'il ne portait la signature d'Emm. de Witte. C'est assurément un de ses ouvrages les mieux réussis.

Bois. Haut. 48 cent., larg. 40 cent. 1/2.

WOUVERMANS (Philippe)

131. **Les Apprêts du travail.**

Sur une terrasse tenue dans l'ombre et dominée par un hangar ou écurie ruinée, est posé un homme s'apprêtant à harnacher sa blanche haridelle. L'animal, dont on peut compter les côtes, car il a la peau collée sur les os, est modelé avec une étonnante vérité et ressort avec éclat sur un fond vigoureux, tandis que par une opposition du plus heureux effet, l'homme se dessine sur un ciel doré et lumineux. Au bout de la terrasse est assise une femme jouant avec son nourrisson. Un petit chien noir est couché près d'eux. Un lointain vague et clair termine le paysage.

Ce tableau, d'une grande simplicité quant à la composition, mais rendu piquant par l'effet des contrastes, est d'une couleur riche et suave et d'une grande finesse de tons. Tout y est naïf et vrai, tout y est digne de l'admirable talent de Wouvermans.

Bois. Haut. 37 cent., larg. 30 cent.

LE MÊME

132. **Le Hameau.**

Près d'un hameau, dont on aperçoit plusieurs maisons, et au pied d'une colline portant ombre sur le premier plan, se repose une famille composée d'un homme et d'une femme portant sur ses genoux un enfant au maillot. Leur chien est assis à quelques pas d'eux, un peu plus en avant; un cheval blanc, libre de toute entrave, se détache sur un fond vigoureux. Le haut de la colline est occupé par une auberge près de laquelle on voit plusieurs figurines. Le ciel, qui contraste avec les terrains, est clair et léger. C'est un charmant échantillon du maître, petillant d'esprit et de verve.

Bois. Haut. 12 cent. 1/2, larg. 22 cent.

LE MÊME

133. **La Buvette des cavaliers hollandais.**

Sur le devant de deux tentes dressées près d'un arbre et sur lesquelles flotte le pavillon hollandais, des cavaliers se délassent un instant des travaux et des fatigues de la guerre en vidant rasade. Mais déjà le devoir inflexible commande, et le trompette impitoyable vient sonner le boute-selle au milieu des buveurs. Au son de l'instrument guerrier qui le mène au combat, le cheval du trompette s'anime, son œil est en feu, et le noble animal, impatient d'être retenu, se cabre en déployant toute la beauté de ses formes. Cependant plusieurs cavaliers sont déjà en selle prêts au départ; au centre du groupe l'un d'eux, en retard, dont la figure enluminée annonce de nombreuses libations bachiques, met un genou en terre et renverse son verre en signe d'adieu, tandis qu'un autre militaire fait les siens d'une manière plus énergique à une robuste et accorte vivandière, qui s'en défend en riant. On aperçoit sur la gauche un bac ayant déjà plusieurs passagers à bord, et vers lequel se dirige un vieux soldat vivandier avec sa femme.

Il nous paraît impossible de saisir plus heureusement et avec plus de justesse que ne l'a fait Ph. Wouvermans les détails de la vie des camps. Mais ce qui rend ce tableau éminemment remarquable, c'est, outre le mérite des figures, le soin particulier qu'il a mis à peindre les beaux chevaux dont il l'a orné avec toute la richesse de sa palette et la perfection de son pinceau. Il provient du cabinet Pellion.

Bois. Haut. 39 cent., larg. 55 cent.

WOUVERMANS (PIERRE)

134. **L'Attaque du convoi.**

Au passage d'un gué, des fantassins attaquent et mettent en fuite des cavaliers formant l'escorte d'un convoi de plusieurs voitures. Nous croyons que ce tableau a été peint par Pierre Wouvermans d'après Philippe son frère, dont il rappelle tout à fait la manière.

Toile. Haut. 35 cent. 1/2, larg. 46 cent.

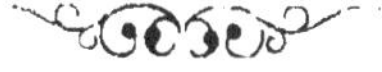

www.ingramcontent.com/pod-product-compliance
Ingram Content Group UK Ltd.
Pitfield, Milton Keynes, MK11 3LW, UK
UKHW021602260726
13993UKWH00002B/997

9 782329 604619